Waldemar Spomer

Web 2.0 - Was kommt danach....?

Aktuelle und zukünftige Entwicklungen des World Wide Web

GRIN - Verlag für akademische Texte

Der GRIN Verlag mit Sitz in München hat sich seit der Gründung im Jahr 1998 auf die
Veröffentlichung akademischer Texte spezialisiert.

Die Verlagswebseite www.grin.com ist für Studenten, Hochschullehrer und andere Akade-
miker die ideale Plattform, ihre Fachtexte, Studienarbeiten, Abschlussarbeiten oder Disser-
tationen einem breiten Publikum zu präsentieren.

Dokument Nr. V164144 aus dem GRIN Verlagsprogramm

Waldemar Spomer

Web 2.0 - Was kommt danach....?

Aktuelle und zukünftige Entwicklungen des World Wide Web

GRIN Verlag

Bibliografische Information der Deutschen Nationalbibliothek: Die Deutsche Bibliothek verzeichnet diese Publikation in der Deutschen Nationalbibliografie; detaillierte bibliografische Daten sind im Internet über http://dnb.d-nb.de/ abrufbar.

1. Auflage 2010
Copyright © 2010 GRIN Verlag
http://www.grin.com/
Druck und Bindung: Books on Demand GmbH, Norderstedt Germany
ISBN 978-3-640-78930-6

Web 2.0 – Was kommt danach…?

Studienarbeit
im Rahmen des WPM2-Moduls
Studiengang Wirtschaftsinformatik
der
Fachhochschule Stuttgart –
Hochschule der Medien

Waldemar Spomer

Bearbeitungszeitraum: 15. Okt. 2010 bis 15. Dez. 2010

Stuttgart, Dezember 2010

Kurzfassung

Gegenstand der vorliegenden Arbeit ist die zukünftige Entwicklung des World Wide Web. Das bestehende Web 2.0 ist durch soziale Interaktion und Software begründet und ist in den letzten Jahren durch User-Generated-Content und die kollektive Intelligenz zu einer dynamischen Destination für Wissensgenerierung und Interaktivität geworden. Doch das Information Retrieval und die applikationsübergreifende Weitergabe von Daten und Information gestalten sich dennoch sehr umständlich. Abhilfe schaffen hier semantische Technologien, wie Ontologien und Regelsysteme, die applikationsübergreifend sicherstellen, dass die Inhalte mit Bedeutung versehen und maschineninterpretierbar werden. Dadurch ergeben sich viele Vorteile für die Benutzung des Webs in der Zukunft, wie schnelleres Auffinden von Information und leichteres Erkennen von Zusammenhängen im dargestellten Wissensgebiet.

Schlagwörter: Web 2.0, Web 3.0, Semantische Technologien, Social Semantic Web, Information Retrieval, Ontologien, Entwicklung des Webs

Abstract

The present work focuses on the future development of the World Wide Web. The existing Web 2.0 is motivated by social interaction and social software and has become a dynamic destination, in the recent years, for knowledge generation and interactivity due to User-Generated-Content and the Collective Intelligence. But information retrieval and cross-sharing of data and information, nevertheless, turns out very awkward. Semantic technologies such as ontologies and control systems promise to improve this situation. They ensure that the contents are machine-readable and provided with the indicated meaning. Many advantages arise from these developments for the use of the web in the future. Information will be found faster and easier and the detection of relationships in the represented knowledge fields will be made possible.

Keywords: Web 2.0, Web 3.0, semantic technologies, Social Semantic Web, information retrieval, ontologies, development of the Web

Inhaltsverzeichnis

Abbildungsverzeichnis

1   Wo steht das World Wide Web?

Während der letzten Jahre haben Themen wie Web 2.0 und Social Software eine erstaunliche breitenwirksame Beachtung gefunden. Doch weitestgehend abseits der öffentlichen Wahrnehmung vollzieht sich eine technologische Komplementärinnovation. Die wachsende Adaption semantischer Technologien zu Zwecken der strukturierten Erschließung von Web 2.0 Inhalten, aber auch der Einsatz von Social Software zur kollaborativen Anreicherung von Web Content mit maschinenlesbaren Metadaten sind Ausdruck eines Trends in Richtung Web 3.0 oder Social Semantic Web. Bezeichnendes Merkmal dieser Entwicklung ist die voranschreitende Konvergenz von Web 2.0 Anwendungen und Semantic Web Technologien (Blumauer/Pellegrini, 2009). Grob gesprochen beinhaltet das Web 3.0 die Möglichkeit, dass Webseiten die Bedeutung ihrer Inhalte in einer eindeutigen, maschineninterpretierbaren Form mitteilen können, woraus sich vielfältige Chancen ergeben das Information Retrieval durch das automatische Auffinden von Inhalten um ein vielfaches zu erleichtern und effektiver zu machen, wobei sicherlich auch neue Webdienste auf Basis dieser Technologien entstehen werden.

1.1   Wohin geht es mit dem World Wide Web?

Web 2.0 ruft ganz bewusst Assoziationen zu Software hervor, bei der sich die chronologisch-inhaltliche Namensführung „Mac OS X Version 10.3.9" oder „Internet Explorer 5.2.3" eingebürgert hat. Dafür gibt es eine klare Notwendigkeit, denn bei Software ist es wichtig, dass man Versionen voneinander unterscheiden kann. Doch eigentlich ist der Begriff in Bezug auf das Web 2.0 schlecht gewählt und ist irreführend, denn „Web 2.0" ist kein neues Internet. Es ist nicht plötzlich neu und anders und schon gar nicht ist es eine neue Version einer Software, von Protokollen oder technischen Spezifikationen. Dennoch scheint der Begriff gut gewählt zu sein, sonst hätte er sich nicht so inflationär verbreitet. Er ist ungefähr so aussagekräftig wie „Nichts ist unmöglich - Toyota" aber genauso eingängig. Daraus ist ersichtlich, dass „Web 2.0" als Marketing-Schlagwort entwickelt worden war und größtenteils auch noch als solches verwendet wird.

Dennoch waren die Entwicklungen, die mit dem „Web 2.0" oder auch Social Web, wie es richtiger Weise genannt wird, einhergegangen sind, maßgeblich für die Zukunft des Internets. Die Entwicklungen vom sogenannten „Web 1.0" oder Informationsweb, welches 1989 von Tim Berners-Lee im Kernforschungszentrum in CERN in der Schweiz entwickelt wurde und nach dem Platzen der Dot-Com-Blase zum Mitmach-Web oder Web 2.0 geführt haben, waren signifikant, doch zugegebenermaßen nichts Neues. Viele Ideen oder Entwicklungen, die dem Web 2.0 zugerechnet werden, waren auch schon von Berners-Lee zur Zeit der Erfindung des WWW so angedacht (Berners-Lee/ Fischetti, 1999):

- Das Web editieren zu können ist genauso wichtig, wie durch das Web zu browsen.

- Computer können genutzt werden, um im Hintergrund Aufgaben zu erledigen, damit Gruppen besser zusammenarbeiten können.

- Sir Tim Berners-Lee sagte in diesem Zusammenhang in einem IBM Developer Works Podcast: *"Web 1.0 was all about connecting people [...] it was designed to be as a collaborative space where people can interact."* (Berners-Lee, 2006).

Das heißt Schlagworte wie User-Generated-Content und Social Software, die ja die Eckpfeiler des Web 2.0 sind, waren schon Ideen des Web 1.0.

Doch nun wird in wissenschaftlichen Kreisen bereits von der nächsten Evolutionsstufe gesprochen, der Entwicklung zum Web 3.0 (Wahlster, 2008/ ISWC, 2010). Schon wieder ein neues Marketing Schlagwort?

Man könnte es meinen, doch wiederum sind die Ideen des Web 3.0 oder Semantic Web nichts völlig Neues und haben schon zu Zeiten des Web 1.0 bestanden. Bereits 2001 hat Sir Tim Berners-Lee et al. in Scientific American, die Vision der intelligenten Suche und virtueller Agenten, die in der Lage sind Informationen zu suchen, deren Relevanz zu bewerten und zu Antworten zu integrieren, beschrieben (Berners-Lee/ Hendler/ Lassila, 2001). Eine Reihe von Technologien bieten die Möglichkeit Webinhalte „semantisch" bzw. maschinenlesbar zu machen und sind auch schon heute umsetzbar in Anwendungen, die dem Nutzer einen sehr großen Mehrwert versprechen. Was die möglichen Entwicklungspfade des Social Webs sind und was der Nutzer in Zukunft erwarten kann, wird in den nächsten Jahren ein spannendes Themengebiet sein. Vor diesem Hintergrund beschäftigt sich die vorliegende Arbeit mit ausgewählten Aspekten der Entwicklung vom Web 2.0 zu Web 3.0, die im folgenden Kapitel vorgestellt werden.

1.2 Aufbau und Ziele der Arbeit

Die vorliegende Abhandlung ist inhaltlich an folgenden Leitfragenfragen aufgehängt:

- Welche Technologien und Ansätze begründen das Web 2.0 und das Semantic Web?

- Welche Nutzervorteile ergeben sich aus dem Web 3.0?

- Wie werden die Web 3.0 bzw. Semantic Web Technologien aktuell im Internet eingesetzt?

Dieser Beitrag hat das Ziel ein allgemeines Bewusstsein und Verständnis der oben genannten Entwicklung zu schaffen, nähert sich diesem Phänomen aus technischer und nicht technischer Sicht und unternimmt damit den Versuch die genannten Fragestellungen zu beantworten. Hierzu werden im zweiten Kapitel die führenden Technologien des Web 2.0 in Kürze beschrieben und die Entwicklungen, die zum Web 2.0 geführt haben, rekapituliert. Im dritten Kapitel werden mögliche Entwicklungsszenarien des Web 2.0 analysiert. Das vierte Kapitel beschäftigt sich mit der möglichen Konvergenz des Social Webs mit dem Semantic Web zum Social Semantic Web und es werden die führenden Technologien des Semantic Web zusammenfassend beschrieben und die Art, wie sie auf die bestehenden Technologien aufsetzen, wird betrachtet. Darauf aufbauend beschäftigt sich das fünfte Kapitel mit semantischen Applikationen und in ihrer Funktionsweise, um verschiedenartige Anwendungsfelder von semantischen Technologien zu verdeutlichen. Die im sechsten Kapitel dargelegten Ergebnisse sowie ein Ausblick auf die Potenziale zukünftiger Entwicklungsfelder schließen die Arbeit ab.

2 Web 2.0 – Wie kam es zu Stande und wie ist es beschaffen?

In diesem Abschnitt wird die Entwicklung von Tim Berners Lees Vision des World Wide Web der 1. Generation zum Web 2.0 oder Social Web beschrieben. Die gravierenden Verhaltensänderungen der Nutzer nach dem Platzen der Dot-Com-Blase im Jahr 2000, die dazu geführt haben, dass überhaupt nach einem neuen Begriff für das WWW gesucht wurde, werden rekapituliert. In der Folge werden Anwendungen und Technologien des Web 2.0 beschrieben, die die Möglichkeit bieten sich durch semantische Technologien erweitern zu lassen. Diese Möglichkeiten werden zum Teil angerissen und in den weiteren Kapiteln näher betrachtet.

2.1 Vom Web 1.0 zum Web 2.0

Das Web entstand 1989 als Projekt am CERN bei Genf (Schweiz), an dem Tim Berners-Lee ein Hypertext-System aufbaute. Das ursprüngliche Ziel des Systems war es, Forschungsergebnisse auf einfache Art und Weise mit Kollegen auszutauschen. Eine Methode dafür war das „Verflechten" von wissenschaftlichen Artikeln – also das Erstellen eines Webs. Tim Berners-Lee hat das Web so beschrieben: *"The World Wide Web (W3) is a wide-area hypermedia information retrieval initiative aiming to give universal access to a large universe of documents."* (Berners-Lee/ Fischetti, 1999).

Das WWW wurde am 6. August 1991 weltweit zur allgemeinen Benutzung freigegeben. Die Technologien auf denen das WWW basierte, waren zum Teil schon vorhanden, wie zum Beispiel Hypertext-Systeme und verschiedene Netzwerk-Technologien, die durch das vom Militär betriebene Arpanet, ermöglicht wurden (Bächtle, 2006). Im Grunde basierte das WWW in der 1. Generation auf drei Kernstandards (Bächtle, 2006):

- HTTP (Hypertext Transfer Protocol) als Protokoll, mit dem der Browser Informationen vom Webserver anfordern kann.

- HTML (Hypertext Markup Language) als Dokumentenbeschreibungssprache, die festlegt, wie die Information gegliedert ist und wie die Dokumente verknüpft sind (Hyperlinks).

- URLs (Uniform Ressource Locator) als eindeutige Adresse bzw. Bezeichnung einer Ressource (z. B. einer Webseite), die in Hyperlinks verwendet wird.

Später kamen noch andere Technologien dazu, die die bestehenden Standards um bestimmte Funktionsweisen erweiterten:

- Cascading Style Sheets (CSS) legen das Aussehen der Elemente einer Webseite fest, wobei Darstellung und Inhalt getrennt werden.

- Hypertext Transfer Protocol Secure (HTTPS) ist eine Weiterentwicklung von HTTP, bei dem das Protokoll SSL (Secure Socket Layer) zwischen TCP (Transfer Control Protocol) und HTTP geschoben wird und in der Folge der Datentransfer komplett verschlüsselt wird (Netplanet.org, 2010).

In den ersten Jahren wurde das Word Wide Web durch Universitäten und militärische Einrichtung zur Informationsverbreitung und -weitergabe genutzt. In den Jahren danach (1994 - 2004), also seiner breiten Nutzung, entwickelte sich das Internet zu einer weltweiten Informationsquelle und kreierte für die Benutzer virtuelle und interaktive Destinationen in unterschiedlichster Form, wie zum Beispiel Onlinepräsenzen von Unternehmen, Online Communities oder E-Shops. Die Interaktivität war jedoch aus Sicht der möglichen Nutzerbeteiligung eingeschränkt (Bächtle, 2006). Die Interaktivität bezog sich fast ausschließlich auf Inhalte, die von Unternehmen, Content Providern oder Online Anbietern in Form von Portalen bereitgestellt wurden und bot begrenzte Möglichkeiten und Formate für nutzerspezifische Beiträge. Nur wenige Anbieter räumten dem Nutzer Möglichkeiten ein, nutzerspezifische Inhalte auf ihren Internetseiten zu generieren. Zu diesen Vorreitern gehörten Unternehmen wie der Onlinehändler Amazon oder Ebay mit seiner Auktionsplattform. Dort konnten Kunden Rezensionen zu einzelnen Produkten schreiben oder gar Produkte selbst einstellen und durch eigene Beschreibungen attraktiver gestalten. Diese Unternehmen gehörten auch zu den wenigen großen Unternehmen der New Economy, die den Dot-Com-Hype überlebten. Das frühe Internet, heute als Web 1.0 bezeichnet, stellte somit mit wenigen Ausnahmen eine globale Informationsplattform dar, welche Interaktionen mit dem Kunden bzw. Nutzer hauptsächlich über die bereitgestellten Inhalte ermöglichte (Cyganski/Haas, 2007).

In den letzten Jahren hat sich das Internet inkrementell von einer „Informationsplattform" zu einer „Mittmach-Plattform" gewandelt. Die Benutzer generieren heutzutage ihren eigenen Content und benutzen oder entwickeln Plattformen, bei denen sie in Eigenregie in den Dialog zwischen Usern, Unternehmen und sonstigen Interessensgruppen treten.

Grundlage für Web 2.0 ist einerseits User-Generated-Content, d.h. Inhalte und Beiträge, die die Nutzer der jeweiligen Plattform selbst generieren, andererseits Social Software. Social Software sind neue informationstechnische Plattformen, welche sowohl Herstellung von User-Generated-Content als auch die menschliche Kommunikation und Kollaboration unterstützen (Bächtle, 2006). Beispiele für Social Software sind Blogs, Wikis, Medien-Austauschplattformen oder auch in gewisser Weise Suchmaschinen; sie und deren technische Beschaffenheit werden in den nächsten Kapiteln noch genauer beschrieben und es wird auf ihre potenzielle Rolle in Bezug auf das Semantic Web aufmerksam gemacht.

Wegen seiner vielseitigen Facetten ist es relativ schwer das Phänomen Web 2.0 mit wenigen Worten zu beschreiben. Der Begriff Web 2.0 wurde von O'Reilly, einem Verlagsgründer und engagierten Softwareentwickler, 2005 in der gleichnamigen Konferenz geprägt, um auf die fortschreitenden Veränderungen des Webs hinzuweisen (O'Reilly, 2005). Im Allgemeinen werden mit dem Begriff Web 2.0 eine Reihe von Technologien und Anwendungen bezeichnet aber auch eine Reihe zum Teil ausschlaggebender Verhaltensänderungen von Internetnutzern zusammengefasst (Cyganski/ Haas, 2007). Aus Anwendersicht begründet das Web 2.0 eine neue Philosophie der Internetnutzung sowie eine neue Umgangsform mit Inhalten und der gegenseitigen Kommunikation der Nutzer untereinander. Die Benutzer sehen das Internet zunehmend als „Mitmach-Plattform" und weniger ausschließlich als Informationsquelle zentraler Anbieter (Cyganski/ Haas, 2007). Sie beteiligen sich aktiv an der Erstellung der Inhalte und dadurch schafft das Web 2.0 eine neue Art von Interaktivität, die die Benutzer und ihre Beiträge ins Zentrum stellt. Inhalte können vom Benutzer frei generiert werden, online zur Verfügung gestellt werden und geändert werden. Individuelle Meinungen können in unterschiedlicher Form geäußert werden, vernetzen sich mit den Beiträgen von Nutzern mit ähnlicher oder gleicher Meinung und verdichten sich zu einflussreichen Meinungspools. Der Einfluss und die Macht der Benutzer und Konsumenten steigen dadurch enorm und verlagern das Machtverhältnis zunehmend auf die Seite des Konsumenten bzw. des Benutzers.

Zusammenfassend zeichnet sich das Web 2.0 durch neue „Mitmach-Plattformen" für User-Generated-Content, neue interaktive Kommunikationsinstrumente und durch die veränderte, aktive und extrovertierte Rolle der Benutzer aus (siehe Abb. 1).

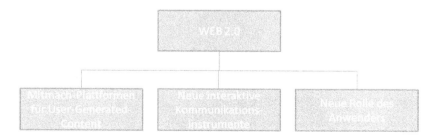

Abbildung 1: Die Web 2.0 Komponenten (nach Stanoevska-Slabewa, 2008)

2.2 Anwendungen des Web 2.0

In diesem Unterkapitel werden die führenden Anwendungen bzw. Plattformen des Webs 2.0 in Kürze vorgestellt um Anwendungsfelder, der in der Folge beschriebenen Technologien zu verdeutlichen. Die Entwicklung und Anwendung dieser Plattformen sind die Grundlagen des Webs 2.0 und haben entscheidend dazu beigetragen, dass User ihre eigenen Inhalte generieren und über diese Plattformen kommunizieren.

2.2.1 Weblogs

Ein Weblog (aus dem Englischen: „Web" und „log", Kurzform „blog") stellt eine Online-Publikation mit abwärts-chronologischen Einträgen dar und dient sowohl dem Austausch von Informationen, Gedanken und Erfahrungen als auch der Kommunikation. Die ersten Blogs traten Mitte der 90er Jahre auf und nahmen die Form von einfachen Online-Tagebüchern an, in denen die Web-User in periodischen Abständen über ihr Leben berichteten. Für den Autor des Blogs, den so genannten Blogger, stellt der Blog ein einfach handhabbares Medium dar, um seine Leser mit Aspekten oder Meinungen zu bestimmten fachspezifischen Themen oder sein eigenes Leben betreffenden Themen zu erreichen. Blogs werden zudem gerne von der Leserschaft als eine besonders glaubwürdige interaktive Alternative zu den traditionellen Webportalen und klassischen Medien, wie Zeitungen oder Fernsehen, wahrgenommen und zeichnen sich meist durch einen reißerischen, emotionellen Kommunikationsstil aus (Stocker/Tochtermann, 2009).

Weblog-Publishing-Systeme stellen als technische Basis, Content-Management-Systeme zur Verwaltung von Weblogs dar. Kenntnisse im Webdesign sind für den Blogger unter Berücksichtigung der modernen Systeme zumeist nicht mehr notwendig. Bekannte Systeme basieren zumeist auf einer einfachen PHP-Lösung mit einer MySQL-Datenbank im Hintergrund und bieten teilweise anspruchsvolle Vorlagen (Templates) für eine individuelle Gestaltung, ohne technische Kenntnisse als Voraussetzung mitbringen zu müssen. Die stark verbreitete Blog-Software „Wordpress" lässt sich beispielsweise sowohl auf einem eigenen Serverrechner installieren, als auch als Dienst mittels application service providing (ASP) verwenden. Demgegenüber lässt sich Google Blogger lediglich als ASP verwenden.

Auf der technischen Seite stellen Blog-Inhalte so genannte „Microcontents" dar, die über Permalinks (ein Kombinationswort aus „permanent" und „link") von anderen Stellen dauerhaft verlinkt werden können. Ein Permalink bezeichnet einen Uniform Resource Locator (URL), der direkt auf einen spezifischen Blog-Eintrag zeigt, unabhängig davon, an welcher Stelle sich dieser Inhalt im Blog befindet (Stocker/ Tochtermann, 2009).

Hingegen ermöglicht ein Trackback (Sixapart.com, o.J.) dem Autor eines Blogs festzustellen, ob ein anderer Blog auf seine Beiträge verlinkt. Wird die Trackback-Funktion verwendet, sendet die eigene Web-Site ein Netzwerksignal (Ping) an eine bestimmte URL der Ziel-Webseite. Die empfangende Webseite erstellt einen Link zur sendenden Seite zurück und definiert damit die Beziehung zwischen diesen beiden Seiten. Durch diesen Benachrichtigungsdienst können Weblogs automatisiert Informationen untereinander austauschen. Durch die Verwendung von Trackbacks entstand auch die Verlinkung der Blogs untereinander zur „Blogosphäre", welche die Gesamtheit aller Blogs als ein virtuelles soziales Netzwerk bezeichnet. Diese spezifische Verlinkung führt zur Eigendynamik der Blogosphäre und ist verantwortlich dafür, dass sich interessante oder brisante Blog-Einträge schneeballartig verbreiten können. Durch die Wechselwirkungen der Medien untereinander werden Informationen auch von traditionellen Medien aufgenommen (Stocker/ Tochtermann, 2009), wobei oft Blogs als zusätzliche Informationsquellen für den klassischen Journalismus verwendet werden.

Während ein Blog den Autor und seine subjektive Sichtweise in den Mittelpunkt stellt, führt bei einem Wiki, eine kollektive Autorenschaft dazu, dass die einzelne Meinung zugunsten der Meinung einer kollektiven Masse verschwindet. Dies bezeichnet O'Reilly im Web als „kollektive Intelligenz" (O'Reilly, 2005). Ein weiterer großer Vorteil von Blogs ist, dass Blogs mit Suchmaschinen besser gefunden werden können und dadurch schneller informieren als andere Medien.

Für Benutzer ist es trotz allem nach wie vor schwierig zwischen wesentlichen und unwesentlichen Inhalten zu unterscheiden. Manchmal möchte der Benutzer sich selbstständig in ein Thema vertiefen und mittels Suchbegriffen verwandte Einträge angezeigt bekommen. Dabei kommt im Semantic Web die Suche mittels Ontologien ins Spiel. Im Semantic Web spielen Weblogs eine große Rolle für das Auffinden von Information und deren Darstellung. Diese Technik kann dem Benutzer, mittels Visualisierung der Inhalte durch Landkarten, eine grafische Orientierung geben, wodurch er Ergebnisse und verwandte Konzepte durch Heran- oder Herauszoomen erkennen kann. Ein mögliches Anwendungsszenario wird in Kapitel 5.3 skizziert.

2.2.2 Wikis

Die ursprüngliche Vision des Web-Pioniers Tim Berners-Lee das Web als ein Read-and-Write-Web erfahrbar zu machen und eine offene Kollaboration zu ermöglichen, kommt die Idee des Wiki am nächsten (Berners-Lee/ Fischetti, 1999). Ein Wiki, auch WikiWiki oder Wiki-Web genannt, bezeichnet Webseiten, deren Inhalte von Usern nicht nur gelesen, sondern auch online verändert werden können und mittels Querverweisen (Hyperlinks) miteinander verbunden sind. Der Name Wiki stammt vom hawaiianischen Wort „wikiwiki" und bedeutet „schnell, schnell", abgeleitet von den kleinen Bussen, die in hawaiianischen Städten verkehren (Stocker/Tochtermann, 2009). Das erste Wiki-System wurde 1995 von Ward Cunningham entwickelt ([o.V.] Wikipedia, 2010).

Wikis ähneln klassischen Content-Management-Systemen verfügen aber im Gegensatz zu ausgefeilteren Systemen über kein ausdifferenziertes Benutzermanagement und ein entsprechendes Rollenkonzept. In einem Wiki sind grundsätzlich alle Inhalte durch den User, aufgrund des elementaren Prinzips der Selbstorganisation, abänderbar und es wird aufgrund seiner speziellen Eigenschaften bevorzugt für Tätigkeiten eingesetzt, die im höchsten Maße kollaborativ sind. Beispielsweise sind das gemeinsame Erstellen eines Dokuments, oder das gemeinsame Planen einer Veranstaltung innerhalb eines Teams oder einer Gruppe geeignete Anwendungsbereiche. Eine sehr bekannte und weit verbreitete Open-Source Wiki-Software ist MediaWiki, auf der auch die freie Online Enzyklopädie Wikipedia basiert. Neben der Installationsmöglichkeit auf einem eigenen Serverrechner kann MediaWiki auch als ASP verwendet werden (Stocker/Tochtermann, 2009).

Auf der technischen Seite stellt die Wiki-Software einen Typ kollaborativer Software dar, die ein Wiki-System betreibt. Für gewöhnlich wird das Wiki als serverseitiges Skript implementiert, welches auf einem oder mehreren Web-Servern läuft. Für das persönliche Wissensmanagement finden allerdings auch clientseitige Wikis, wie beispielsweise das von Jeremy Ruston entwickelte TiddlyWiki, Verwendung (Stocker/ Tochtermann, 2009).

Der von den Usern erstellte Content wird üblicherweise in einer Datenbank gespeichert. Die Wiki-Engine implementiert die eigentliche Wiki-Technologie, während „Wiki-Software" die gesamte Software bezeichnet, die nötig ist, um ein Wiki zu betreiben wie z.B. Softwarekomponenten für den Betrieb eines Web Servers oder der dazugehörigen Datenbank. Mittlerweile existieren über 100 unterschiedliche Wiki-Engines (c2.com, o.J.), meist Open-Source. Allen gemeinsam ist die Tatsache, dass sie ein minimales Set an Wiki-Prinzipien integrieren. Beispielsweise ermöglichen Wikis die einfache Generation von Hyperlinks, wodurch User befähigt werden, die entsprechenden Seiten auf dem Wiki zu besuchen. Wikis weisen zudem eine ähnliche, sehr einfach zu erlernende Formatierungssyntax auf (Stocker/ Tochtermann, 2009).

Da den Seiten eines Wikis eine Versionierung zu Grunde liegt, sind Änderungen von Seiten in einem Wiki stets nachvollziehbar, so können auch beispielsweise dem Vandalismus unterliegende Seiten in ihre anfängliche Form zurückgeführt werden. Dabei reicht die Historie an Änderungen teilweise bis zur ersten Version einer Seite zurück. Unterschiede zwischen zwei Versionen eines Artikels können anhand einer speziellen Ansicht, in der diese nach Zeilen geordnet hervorgehoben sind, festgestellt werden.

Wikis und insbesondere Wikipedia, wird für das automatische Zuweisen von Themengebieten zu beliebigen Dokumenten und das dafür notwendige „maschinelle Verständnis" der Dokumente durch die thematisch vorsortierte Datenbank, die Wikipedia zu

Grunde liegt, eine große Rolle spielen (Krötzsch/ Vrandecic, 2009). Dieser Ansatz wird in Kapitel 5.4 dargestellt.

2.2.3 Suchmaschinen – die Suche im Internet

Mit der beträchtlich steigenden Anzahl von Webseiten nach dem Aufschwung des WWW in den ersten Jahren (1993 bis 1996) gab es einen Anstieg der Webseiten von 130 auf über 600.000 (Stahlknecht/ Hasenkamp, 2005). Entsprechend wurde die Suche nach Inhalten ein sehr wichtiges Thema. Waren weder die Adresse (URL) einer Seite bekannt, noch eine Verlinkung durch eine andere direkt vorhanden, so glich die Suche der sprichwörtlichen Suche nach der Stecknadel im Heuhaufen.

Erste Abhilfe leisteten hier so genannte Web-Kataloge. Web-Kataloge ordnen Webseiten bestimmten Kategorien zu, maschinell und manuell. Somit konnten User in einem laufend wachsenden Webkatalog nach den Seiten der jeweiligen Kategorie suchen und diese direkt über einen Link erreichen. Die manuelle Pflege der Kataloge versprach eine hohe Qualität und Relevanz der Verlinkungen, war jedoch auch mit einen hohen Aufwand und dementsprechend hohen Kosten verbunden (Komus/ Wauch, 2008).

Suchmaschinen arbeiteten nach dem Prinzip der „Webcrawler". Sie durchsuchen permanent das Web, indem sie verschiedenen Links von Webseiten folgen, diese auslesen und so gefundene Stichworte mit Bezug auf die Adresse indexieren. Das Ausführen einer Suchanfrage mit einem bestimmten Suchbegriff löst lediglich eine Suche in der Datenbank aus, in der die Web-Suche des Webcrawlers vorher gespeichert wurde. Die Suche auf einer lokalen Datenbank führt zwar dazu, dass die Ergebnisse in kürzester Zeit bereitgestellt werden, aber auch zu einer entscheidenden Schwäche. Da die Angaben sich auf die Ergebnisse früherer Suchen beziehen und das Web sich stetig verändert, bekommt der Suchende immer wieder veraltete Suchergebnisse. Zudem ist die Anzahl der durchsuchten Webseiten begrenzt und deshalb können relevante Seiten oft außen vor bleiben (Komus/ Wauch, 2008).

Zwar wurde eine Vielzahl von potentiell geeigneten Treffern angezeigt doch konnte die Technologie nicht über die Relevanz der Treffer entscheiden. Das PageRank-Verfahren von Google brachte hier jedoch Abhilfe (Komus/ Wauch, 2008). Es basiert auf der Annahme, dass die Anzahl und Qualität der Links, die auf die Webseite verweisen einen Hinweis auf die Relevanz der jeweiligen Seite geben. Um eine weitere Steigerung der Qualität der Sortierung der Suchergebnisse zu ermöglichen, kann die Bewertung dahingehend noch verfeinert werden, dass die Qualität der jeweiligen Links unterschiedlich bewertet wird, je nachdem wie viele Links wiederum auf diese Seite verweisen. Der PageRank wird also, abhängig von den Bewertungen der verweisenden Seite dividiert durch die Anzahl der von den jeweiligen Seiten ausgehenden Links, ermittelt (Komus/

Wauch, 2008). Die folgende Abbildung stellt die Funktionsweise noch einmal grafisch dar:

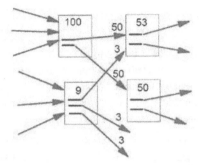

Abbildung 2: PageRank – Google, Modell von 1998 (Quelle: Griesbaum/ Bekavac/ Rittberger, 2008)

Im weitesten Sinne nutzt der Suchalgorithmus von Google die zentralen Kennzeichen eines Social-Software-Systems: er basiert auf User-Generated-Content, die Inhalte werden durch die Nutzer – hier von den Webseitenautoren vorgenommenen Verlinkungen – bewertet und geben so Aufschluss über die Relevanz.

Dennoch stoßen die heutigen Suchmaschinen schnell an ihre Grenzen, weil heute kein Mensch mehr beurteilen kann, ob sich tatsächlich alle relevanten Ergebnisse in der Fülle der angebotenen Suchtreffer befinden. Ähnlich den Problemen, denen das Tagging sich gegenüber sieht (s. 2.3.4 Taxonomien), sind unter anderem die sprachlichen Mehrdeutigkeiten auf unterschiedlichen semantischen Abstraktionsebenen dafür verantwortlich. Ein Wort selbst kann unterschiedliche Bedeutungen besitzen (Homonymie), z.B. bezeichnet „Golf" eine Sportart oder einen Meeresarm. Diese unterschiedlichen Bedeutungen, können nicht alle der vom Suchenden intendierten Bedeutung entsprechen und erschweren somit die Suche ungemein. Ähnlich verhält es sich mit Synonymen, die denselben Begriff mit anderen Wörtern beschreiben. Sie können über eine einfache schlüsselwortbasierte Suche nicht gefunden werden. Somit liegt der Schluss nahe, dass die inhaltliche Bedeutung (Semantik) eines Dokuments und nicht die darin verwendeten Zeichenketten im Vordergrund einer inhaltsbasierten Suche stehen müssen (Sack, 2010).

Die Möglichkeiten und Technologien des Semantic Web versprechen hier Abhilfe zu schaffen und werden im Kapitel 5.2 näher in Bezug auf die Möglichkeiten der semantischen Suche beleuchtet.

2.3 Technologien des Web 2.0

Aus technologischer Perspektive bedeutet das Web 2.0 eine inkrementelle Innovation sowie konsequente Nutzung von teilweise schon verfügbaren Technologien, welche in den vorhergehenden Kapiteln bereits erwähnt wurden.

Internetangebote wurden durch neue Protokolle und Sprachen wie Ajax und Flash flexibler und benutzerfreundlicher gestaltet. Im selben Zuge ermöglichen Protokolle zum Austausch von Information wie RSS (Really Simple Syndication) und sogenannte Mashups, eine einfachere Vernetzung der Anwendungen untereinander. Zugleich wird durch gemeinsame Standards und Konventionen die Interoperabilität sichergestellt und damit die Zusammenarbeit räumlich und zeitlich verteilter Nutzer überhaupt ermöglicht. In der Folge werden die führenden Technologien in Kürze vorgestellt und ihre Funktionsweise erläutert.

2.3.1 Ajax als Technologiekonzept für Rich Internet Applications

In der Regel versteht man unter dem Begriff der Rich Internet Applications Internetanwendungen, welche eine reiche (vielfältige) Menge an Interaktionsmöglichkeiten mit ihrer Benutzeroberfläche bieten (Stocker/ Tochtermann, 2009). Insbesondere RIAs, die in Webbrowsern laufen, ähneln eher dynamischen Desktopanwendungen als klassischen (statischen) Webseiten. Rich Internet Applications sind in hohem Maße verantwortlich für den Siegeszug von Web 2.0 und bieten durch ihren Einsatz vielfältige Möglichkeiten für den Nutzer.

RIAs laufen aber nicht immer in einem Browser ab, sondern können auch als Desktopanwendung umgesetzt werden, da die Umgebung in der RIAs laufen für deren Definition nicht von Belang ist. Grundsätzlich sollten aber die Anforderungen der "Reichhaltigkeit" sowie "Verbindung mit dem Internet" erfüllt sein (Stocker/ Tochtermann, 2009).

Als moderne Web-2.0-Applikationen bedienen sich Rich Web Applications bevorzugt Adobe Flash/Flex und Ajax als technischer Grundlage, es werden aber auch andere Technologien wie Microsoft Silverlight oder die Open Source Plattform OpenLaszlo verwendet. In der Folge soll aber nur auf die bekannteste Technologie Ajax und im nächsten Unterkapitel auf Adobe Flash/Flex eingegangen werden.

Ajax steht für Asynchronous JavaScript and XML und umfasst ein Set von Technologien, um die für Web-2.0-Anwendungen typische „Rich User Experience", was so viel wie bessere Benutzerführung bedeutet, zu ermöglichen. Ajax ermöglicht asynchrone Datenübertragung zwischen dem Browser und dem Webserver und erlaubt, dass innerhalb einer HTML-Seite eine HTTP-Abfrage durchgeführt wird, ohne die jeweilige Seite komplett neu laden zu müssen. Ajax ist jedoch keine einzelne Technologie, sondern beinhaltet ein Konglomerat von bekannten Technologien. Es kombiniert Technologien zur standardisierten Präsentation von Web-Seiten (XHTML, CSS), zur dynamischen Anzeige und Interaktion mittels Document Object Model (DOM), zu Datenaustausch und -manipulation mittels XML, sowie zur asynchronen Datenabfrage mittels XMLHttpRequest und JavaScript.

Das klassische Modell einer Web-Anwendung funktioniert so, dass durch einen User vorgenommene Interaktionen auf einer Webseite einen HTTP-Request zum Webserver verursachen. Auf diesem Webserver wird dann eine Verarbeitung, der auf der Webseite in die Formularfelder eingegebenen Daten, durchgeführt und als Resultat erneut eine Webseite zum Client zurückgeliefert. Der ständige Ablauf von Interaktion, Senden, Verarbeiten und Empfangen der Daten sowie der nachfolgende Aufbau der geänderten Webseite führt aus Benutzersicht zu Wartezeiten. Durch die Wartezeiten wird die Webseite vom User nicht als eine desktopähnliche Anwendung wahrgenommen. Klassische Webseiten lassen somit keine ansprechende Benutzerführung zu. Ein auf Ajax basierendes Modell verkürzt diese Wartezeiten, indem es einen Intermediär, die Ajax-Engine einführt (vgl. Abb. 3).

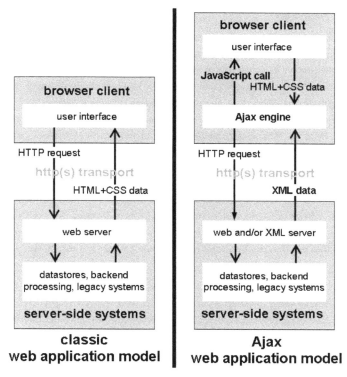

Abbildung 3: Klassische vs. auf Ajax basierende Web-Anwendungen (Quelle: Garret, 2005)

Die beim Aufruf der Webseite einmalig geladene Ajax-Engine arbeitet somit wie eine Zwischenschicht zwischen User und Server. Sie ist sowohl für die Kommunikation mit dem Server, als auch für die Schnittstelle zum User hin verantwortlich. Erst dadurch sind Web-Anwendungen möglich und erlauben damit eine ähnliche Funktionsvielfalt und Benutzerführung wie Desktop-Anwendungen.

Zusammenfassend kann man sagen, dass der größte Vorteil von Ajax darin besteht, dass vom User eingegebene Daten verändert werden können, ohne die komplette Webseite neu zu laden zu müssen. Webseiten reagieren schneller auf Benutzereingaben und ermöglichen eine reichhaltige Benutzerführung. Ajax-Technologien basieren auf Java-Script, sind frei zugänglich und werden unabhängig vom Betriebssystem von den Web-Browsern unterstützt, die auch JavaScript unterstützen (Stocker/Tochtermann, 2009).

2.3.2 Adobe Flash/Flex

Adobe Flash (kurz Flash, ehemals Macromedia Flash) ist eine proprietäre integrierte Entwicklungsumgebung von Adobe Systems zur Erstellung multimedialer, interaktiver Inhalte. Webseiten-Entwickler produzieren mit dieser Software Dateien im proprietären SWF-Format. Bekannt und umgangssprachlich gemeint ist Flash als Flash Player, eine Softwarekomponente zum Betrachten dieser SWF-Dateien, welche in jeden allgemein verfügbaren Browser als Add-On integriert werden kann. Ferner ist Flash eine Autoren-Software zum Erstellen skalierbarer, interaktiver Animationen für das World Wide Web. Die Stärke und Flexibilität von Flash liegt darin, es als Grundlage für animierte Logos, Navigationselemente für Websites, lange Animationen oder komplette Flash-Webseiten zu verwenden (Neubert, 2005). Ein großer Nachteil in den letzten Jahren war, dass Webseiten die komplett in Flash realisiert sind, schwer oder gar nicht in Suchmaschinen indiziert werden konnten. Doch Google arbeitete zusammen mit Yahoo daran auch Flash-Webseiten und deren SWF-Formate zu indizieren und mittlerweile stellt das Auffinden dieser Webseiten kaum noch ein Problem dar (Sawalls, 2008).

Um die Entwicklung von auf Flash basierenden Anwendungen zu erleichtern hat Adobe das Flex Framework entwickelt. Flex ist ein kostenloses Open-Source-Framework von Adobe für die Entwicklung interaktiver, ansprechender Web-Anwendungen, die sich mithilfe von Adobe Flash Player auf allen gängigen Browsern, Desktops und Betriebssystemen konsistent ausführen lassen. Während Flex-Anwendungen ausschließlich auf dem Flex-Framework basieren, kann Adobe Flash Builder (bisher Adobe Flex Builder) die Entwicklung mit intelligenten Werkzeugen zur Code-Erstellung, interaktivem Debugging und der visuellen Gestaltung von Benutzeroberflächen erleichtern (Adobe, 2010). Die Entwicklung dieser Technologie hat das Aussehen und die Handhabung des Webs nachhaltig geprägt und auch technisch unversierten Usern die Nutzung des Webs attraktiver gestaltet.

2.3.3 RSS

RSS wird seit Anfang 2000 verwendet und ist eine kontinuierlich weiterentwickelte Familie von Formaten für die einfache und strukturierte Veröffentlichung von Änderungen auf Websites (z. B. News-Seiten, Blogs, etc.) in einem standardisierten Format (XML). RSS-Dienste werden in der Regel in Form spezieller Service-Websites (sogenannter RSS-Channels) angeboten. Ein RSS-Channel versorgt den Abonnenten oft, ähnlich einem Nachrichtenticker, mit kurzen Informationsblöcken, die aus einer Schlagzeile mit kurzem Textanriss und einem Link zur Originalseite bestehen. Zunehmend werden aber auch komplette Inhalte klassischer Webangebote ergänzend als Volltext-RSS bereitgestellt. Die Bereitstellung von Daten im RSS-Format bezeichnet man auch als RSS-Feed (englisch: to feed; im Sinne von füttern, einspeisen, zuführen). Wenn ein Benutzer einen RSS-Channel abonniert hat, so sucht der Client in regelmäßigen Abständen beim Server nach Aktualisierungen im RSS-Feed (Kantel, 2007).

Weil die Inhalte via RSS in einem standardisierten Format vorliegen, eignen sie sich auch für die maschinelle Weiterverarbeitung. So lassen sich mittels RSS beispielsweise Texte einer Webseite automatisch mit Hilfe eines RSS-Parsers in eine andere Webseite integrieren oder sehr einfach auf verschiedenen Endgeräten speziell aufbereitet darstellen.

Technisch gesehen ist RSS eine Familie von XML-basierten Dateiformaten. Die Abkürzung RSS hat in den verschiedenen technischen Spezifikationen eine unterschiedliche Bedeutung (Pilgrim, 2002):

- Rich Site Summary in den RSS-Versionen 0.9x

- RDF Site Summary in den RSS-Versionen 0.9 und 1.0

- Really Simple Syndication in RSS 2.0

Da RSS z.T. auch dem Ressource Description Framework (RDF) basiert und damit einen Datenaustausch zwischen Maschinen erlaubt, spielt es für die Entwicklung des Semantic Webs eine große Rolle (Kantel, 2007). Ein Beispiel der Quelltextrepräsentation einer RSS Datei kann im Anhang A.1 und die Verlinkung mittels Annotation in der RSS-Datei in Anhang A.2 eingesehen werden.

Das Aufbereiten von Informationen in ein standardisiertes Austauschformat/-objekt nennt man auch Aggregation, das Veröffentlichen auf anderen Seiten Content-Syndication (Stocker/Tochtermann, 2009). Webseiten können damit automatisch mit neuesten Nachrichten aktualisiert werden, ohne dass der Seitenbetreiber jeweils eine Aktualisierung vornehmen muss. Content Syndication und Content Aggregation wird weiter unten ein eigenes Unterkapitel gewidmet, um die Wichtigkeit für das Semantic Web deutlich zu machen.

2.3.4 Folksonomien

Eine folksonomy (aus dem Englischen „folk" und „taxonomy") stellt eine durch die User einer Website generierte Taxonomie dar. Folksonomies sind im Web 2.0 zur Kategorisierung und zum Auffinden von Web-Content wie Fotos (www.flickr.com), Videos (www.youtube.com) oder Bookmarks (del.ico.us) seit der Entwicklung zum Social Web im Einsatz. Sie entstehen durch kollaboratives „Tagging" und bezeichnen eine durch die Community selbst verwaltete und selbst durchgeführte Form der Klassifikation und Abbildung einer Struktur. Schlagwörter, so genannte „Tags", werden als beschreibende Elemente für die als „Tagging", einer Zuweisung von Schlagwörtern zu Webinhalten bezeichnete Indexierung herangezogen. Das gesamte, für die Klassifikation der Inhalte verwendete Vokabular beruht auf der Community, die die Webseite verwendet. Diese neue Generation von Web-2.0-Communities benutzt Tags, um die von den Mitgliedern erstellten Webinhalte in eine bestimmte Struktur zu bringen und diese dann einfacher aufzufinden (Stocker/Tochtermann, 2009). Verwendete Tags werden häufig alphabetisch sortiert und in zweidimensionaler Form visualisiert. Je nach Verwendungshäufigkeit, werden Worte in unterschiedlicher Schriftgröße oder -breite dargestellt und dadurch hervorgehoben (vgl. Abb. 4):

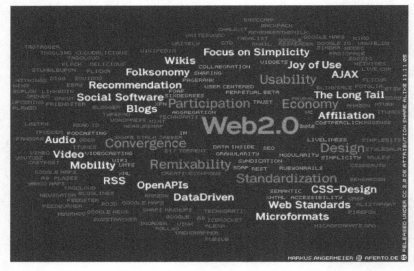

Abbildung 4: The huge cloud lens bubble map Web 2.0 (Quelle: Angermeier, 2005)

Das entstehende Objekt ähnelt einer Wolke aus unterschiedlich großen Schlagworten, was für die Namensgebung „Tag-Cloud" (Wolke aus Schlagworten) ausschlaggebend war. Klickt der User auf ein Wort in der Tag-Cloud, werden ihm typischerweise alle Informationsobjekte angezeigt, die mit diesem Wort annotiert wurden. Die soziale Komponente des Web 2.0 zeigt sich im Kontext von Folksonomies darin, dass jeder User zur Verschlagwortung der Inhalte beiträgt, wodurch der Aufwand der Verschlagwortung durch gemeinsame Ressourcennutzung in Communities auf viele Nutzer verteilt werden kann. Vorherrschendes Prinzip ist, dass Informationsobjekte von denjenigen klassifiziert werden, die sie auch benutzen und somit schneller gefunden werden können. Das Tagging von Inhalten auf Webseiten reichert diese in gewisser Weise mit Semantik an, die auch von Maschinen interpretiert werden kann. Anders als im Semantic Web, in dem mit Ontologien gearbeitet wird, ist hier die Idee der Semantik, dass die Häufigkeit des Vorkommens eines Tags eine inhaltliche Aussage über eine getaggte Webseite macht. Suchmaschinen könnten diese semantische Annotation einer Webseite in ihre Suchergebnisse mit einbeziehen und somit relevantere Suchergebnisse liefern (Stocker/ Tochtermann, 2009).

Doch es gibt eine Reihe von Problemen, die im Zusammenhang mit Folksonomies auftreten und deren Ursprung in der Selbstverwaltung der Communities verortet ist: Da die Benutzer völlig selbstgerieben die Schlagwörter auswählen, führt dies zu einer Spaltung der Kategorien, z.B. wenn derselbe Tag im Singular („Mensch") bzw. im Plural („Menschen") verwendet wird. Gleichzeitig kann ein und dasselbe Wort auch in unterschiedlichen Sprachen als Tag verwendet werden („human" und „Mensch"), was die Zuweisung des Informationsobjektes zu einer Kategorie weiter erschwert. Einige Wörter können mehrere Bedeutungen aufweisen, beispielsweise kann „Tau" der Niederschlag, das Seil oder auch den 19. Buchstaben im griechischen Alphabet bezeichnen. Oftmals ist der Kontext entscheidend, in dem ein Schlagwort verwendet wird.

Nun existieren unterschiedliche Konzepte, um dieser Aufspaltung entgegenzuwirken: Beispielsweise können ausgehend von der Benutzereingabe mittels Wortvervollständigung von der Applikation ähnliche bereits verwendete Tags angezeigt werden, wodurch der User eine Hilfe bei der Suche oder der Vergabe eines geeigneten Schlagworts erhält. Nach einem angezeigten Tag kann beispielsweise in Klammern auch die Anzahl der bisherigen, durch die Community vorgenommenen, Verwendungen dieses Schlagwortes angeführt werden. User neigen oft dazu, Schlagwörter zu verwenden, die auch von anderen besonders häufig verwendet werden (Stocker/ Tochtermann, 2009).

2.3.5 Content Syndication und Content Aggregation

Der Begriff Content Syndication bezieht sich im Zusammenhang mit dem Web auf die Wiederverwendung von Inhalten in verschiedenen Websites. Content Syndication erlaubt den Websites untereinander Inhalte austauschen. Content Aggregation führt themenbezogene Inhalte aus unterschiedlichen Online-Quellen auf einer Seite bzw. in einer Applikation zusammen (Stocker/Tochtermann, 2009).

Beispielsweise kann Webseite A – der Content Syndicator – einen Teil des Contents für weitere Webseiten verfügbar machen. In diesem Fall sieht es jedoch für den Betrachter von Webseite B – dem Content Aggregator – aus, als befände sich der Content „physikalisch" auf Webseite B, obwohl diese ihn tatsächlich nur über Webseite A holt. Ändert sich der jeweilige Content auf Seite A, wird Seite B automatisch aktualisiert. Die gebräuchlichsten Anwendungen von Syndikation und Aggregation im Web werden oft über Feeds realisiert (siehe Kapitel 2.3.3). Der Feed der syndizierten Webseite wird vom Leser abonniert und nutzt einen Feed-Reader um Schlagzeilen oder Blog-Einträge herunterzuladen und diese zu aggregieren. Somit ersparen sich Leser das mühsame Browsen von einer Website zur anderen, die in seinem Interesse liegen. So kann das Web als Informationsmedium effektiver und effizienter eingesetzt werden. Die Verwendung von XML unterstützt die einfache Wiederverwendung und -verteilung des Contents. Really Simple Syndication (RSS), was auf XML basiert, bildet diesbezüglich den am weitesten verbreiteten Standard und wird mittlerweile von allen gängigen Web-Browsern unterstützt, ohne beispielsweise spezielle Addons installieren zu müssen. Auch die Betreiber von Webseiten haben die Nachfrage seitens der User-Community erkannt und sorgen für eine verstärkte Verfügbarkeit von Feeds, welche immer detailliertere Informationen bereitstellen. Manche Social Networking Plattformen wie Facebook syndizieren sogar die Aktivitäten der User im jeweiligen sozialen Netzwerk (Stocker/Tochtermann, 2009). Somit ist der Austausch von Inhalten unter den Webseiten schon heute eine zentrale Funktion von Web 2.0 Anwendungen und nimmt mit der Entwicklung zum Semantic Web immer stärkere Ausprägungen an, mit dem Ziel die Syndikation und Aggregation von Content durch Maschinen immer mehr zu automatisieren und effizienter zu gestalten (Ankolekar/ Krötzsch/ Tran/ Vrandecic, 2007).

2.3.6 Web-Services und Mashups

Mashups sind Web-Anwendungen, die Daten aus mehreren unterschiedlichen Applikationen kombinieren und daraus für den User einen vollkommen neuen Service generieren (Merrill, 2006). Mashups zählen zu den bedeutenden Zukunftsthemen des Web 2.0.

Während es Weblogs jedem User ermöglichen, Inhalte ins Web zu stellen, fördern Mashups die Web-Entwicklung und erlauben es theoretisch jedem User, existierende Daten miteinander zu kombinieren, um neue Services zu generieren.

Mashups bedienen sich der Application Programming Interfaces (APIs), also der von den Betreibern von Webseiten angebotenen Schnittstellen zur technischen Ansprache ihrer Applikationen. Eine detaillierte Übersicht zu den derzeit vorhanden APIs und Mashups findet sich auf www.programmableweb.com. Durch die Kombination von Daten aus unterschiedlichen Quellen unter Nutzung der bereitgestellten APIs entsteht eine völlig neue Applikation – ein Web-Service. Dieser Web-Service erzeugt für den User ein Informationsobjekt, welches nicht durch eine einzelne Datenquelle ursprünglich bereitgestellt werden konnte. Erst das Kombinieren von unterschiedlichen Datenquellen liefert diesen neuen Service für den User. Ein bekanntes und häufig zitiertes Beispiel für einen Mashup stellt HousingMaps dar, welches die APIs von Google-Maps nutzt (Beispiel nach Tapscott/Williams, 2007). HousingMaps kombiniert kartographische Daten aus Google-Maps mit den Immobilien-Daten des Kleinanzeigendienstes Craigslist und generiert für den User ein weiteres Informationsobjekt mit einem höheren Grad an Wertschöpfung (vgl. Abb. 4):

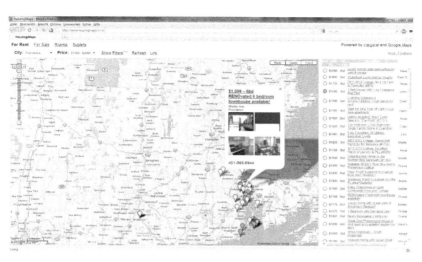

Abbildung 5: Immobiliensuche 2.0 mit HousingMaps (www.housingmaps.com)

User können bevorzugte Immobilien nun direkt anhand der Karte von Google-Maps selektieren und so die Immobiliensuche einfacher und präzisier durchführen.

Eine große Herausforderung für den Durchbruch von Mashups besteht darin, dem gewöhnlichen User ohne besondere Affinität zur Technik eine Möglichkeit bereitzustellen, Mashups einfach und rasch zu erstellen. Diesbezügliche Design-Tools kommen jedoch erst langsam auf und sind noch sehr gering verbreitet (Kulathuramaiyer, 2007). Führende verfügbare Tools, die diese Entwicklungen ermöglichen sind z.B. Yahoo Pipes (pipes.yahoo.com), Microsoft Popfly oder IBM QEDWiki. Yahoo Pipes stellt beispielsweise eine graphische Oberfläche zur Verfügung, mit der User per Drag & Drop Daten aus dem Web – bevorzugt RSS-Feeds, oder Dienste, die RSS Feeds erstellen können – beliebig in benutzerdefinierten Feeds bündeln können. Eine Reihe von Werkzeugen erlaubt die gewünschte Konfiguration. Beispielsweise können sich User aus einer von ihnen definierten Menge an Feeds, die bestimmte Schlagwörter in Überschrift oder Textkörper enthalten, einen individuellen Feed basteln. In wenigen Schritten kann der User so einen personalisierten Web-Service erstellen (Tapscott/Williams, 2007).

3   Entwicklungsszenarien des Web 2.0

Aufbauend auf den Ergebnissen der vorangegangen Kapitel kann man über mögliche Entwicklungsszenarien des Web 2.0 sprechen. Hierzu werden, nicht immer trennscharf möglich, technische und soziale Entwicklungen unterschieden.

3.1   Technische Entwicklungen

Bei den technischen Entwicklungen, die das Web 2.0 beeinflussen, wird es eine technische Konvergenz von Endgeräten geben. Wie heute bereits zu beobachten ist und zukünftig alltäglich sein wird, wird man überall und mit vielen verschiedenen Geräten Internetdienste verwenden können. Dies kann mit mobilen Geräten wie Mobiltelefonen, Tablet-PCs, MP3-Playern, Handheld-Konsolen und Kameras geschehen oder Geräten aus dem Wohnzimmer, die dem Umfeld des Home Entertainment zugerechnet werden, wie z.B. Set-Top-Boxen, Spielekonsolen oder Fernseher. Gerade die mobilen, internetfähigen Geräte ermöglichen eine bedeutende Erweiterung der bisherigen Web 2.0-Anwendungen. Neben speziellen mobilen Versionen („Mobile Apps") von etablierten Web 2.0-Angeboten wie Facebook und YouTube, die von ihrer hohen Mitgliederzahl profitieren, wird eine neue, mobile Generation von Social Software geschaffen (Raabe, 2009):

Moblogs: Fotos, Videos, Texte, die unterwegs erstellt werden, können direkt von dem mobilen Gerät in dem Blog publiziert werden.

Micro-Blogging-Dienste erlauben ebenso das Publizieren von Inhalten auf Microsites, als Beispiel kann man hier „Twitter" nennen.

Mobile Social Software, die ihren Zusatznutzen dadurch erzielt, dass die geographische Position des benutzten Endgerätes entweder durch einen Dienst des Mobilfunkbetreibers oder durch GPS bestimmt wird:

- Mobile Social Networks arbeiten mit Location-Awareness, d. h. man kann sehen, ob sich ein Bekannter in seiner unmittelbaren Nähe aufhält, und sodann per Instant Messaging Kontakt mit diesem aufnehmen, als Beispiel kann hier „Google Latitude" nennen. Ein anderes Prinzip kann als erweiterte Form des Geotagging verstanden werden. Dabei können Orte mit einer Art virtueller Notiz versehen werden, die andere Nutzer (ggf. nicht nur Bekannte) sehen können, wenn sie sich an diesem Ort aufhalten. Oft sind solche Dienste bereits als Apps in Soziale Netzwerke wie Facebook integriert z.B. „Trip Advisor: Cities I've visited", die Nutzern ermöglicht Orte zu bewerten und zu taggen, die sie bereits besucht haben und eventuell Nutzern dieser App oder Kontakten ihres Netzwerkes weiter zu empfehlen.

- Micro-Blogging-Dienste, die ihre Shoutbox-Funktion z. B. mit GoogleMaps verbinden. Als Perspektive ist hier eine Art „Echtzeit-Bürgerjournalismus" denkbar.

- Durch die Kombination eines Ortungssystems wie GPS und einem mobilen Web-Zugang können Kameras oder mit Kameras ausgestattete Mobiltelefone ortsbezogene Daten wie die aktuelle Ortsposition oder die vorher besuchten Orte direkt in den aufgenommenen Bildern speichern. Diese Bilder wiederum können direkt von unterwegs an eine Foto-Community wie Flickr übertragen werden (und dort auf einer Landkarte via Google Maps dargestellt werden).

Für die Akzeptanz dieser mobilen Anwendungen ist zum einen die Durchsetzung von Breitband-Mobilanschlüssen nach einem für den Verbraucher bezahlbaren und transparenten Preissystem notwendig. Außerdem ist die Benutzbarkeit der mobilen Geräte gefordert: die Benutzerschnittstellen müssen unkompliziert zu bedienen sein, der Zugriff sollte ähnlich schnell und komfortabel möglich sein, wie man es von stationären Anwendungen gewohnt ist. Möglicherweise wird eine verbesserte Spracherkennung in den kommenden Jahren dieses Ziel unterstützen (Raabe, 2009). Bereits jetzt ist charakteristisch für das Web 2.0, dass Anwendungen nicht mehr auf dem PC, sondern stattdessen überall verfügbare, alternative Web-Anwendungen genutzt werden, verbunden mit der Speicherung von vielen persönlichen Daten und Dateien wie Fotos im Netz. Diese Entwicklung „vom Desktop zum Webtop" findet ihren Ausdruck in Anwendungen wie Google Calender oder Google Docs & Spreadsheet, in Online-Graphik-Programmen oder in Anbietern, die digitalen Speicherplatz in Form einer virtuellen Festplatte (oftmals kostenlos im Gigabyte-Bereich) anbieten. Technisch werden diese Anwendungen ermöglicht durch den Einsatz von AJAX oder Flash. Sehr wahrscheinlich ist es auch, dass Anbieter irgendwann komplett dazu übergehen werden, Anwendungen nur noch webbasiert anzubieten, da das Internet als Infrastruktur immer und überall vorhanden ist und wir infolgedessen sogar ein Web-Betriebssystem nutzen werden (Raabe, 2009). Google will in der ersten Hälfte des Jahres 2011 mit seinem webbasierten Betriebssystem „Chrome OS" den Betriebssystemmarkt revolutionieren, indem es, dass auf dem Chrome Webbrowser basierenden Betriebssystem, an verschiedene Hersteller kostenfrei vertreibt und damit an ähnliche Erfolge, wie es bereits das Smartphone-Betriebssystem Android vorgemacht hat, anknüpfen will. Dies ruft natürlich wieder ein Datenkontroll-Dilemma hervor, insbesondere für Unternehmen, die die Vorzüge einer „Cloud", d.h. einer serverbasierten Speicherung von Daten und Programmen in einem Rechenzentrum, z.B. bei Google, nutzen wollen (Knop/ Heeg, 2010). Obwohl wir heute noch viele Desktop-Anwendungen nutzen, geht der Trend bisher also ganz eindeutig davon weg,

gerade bei der Vielzahl an neu entstehenden Websites und damit verbundenen Weban-
wendungen.

Aus diesen Entwicklungen ergibt sich auch die Notwendigkeit für ein Online-
Identitätsmanagementkonzept. Die Anzahl an Websites, die eine Anmeldung mit perso-
nenbezogenen Daten erfordern, wächst von Tag zu Tag, somit auch die Anzahl an vorhandenen Benutzernamen und zu verwaltenden Passwörtern.

Ein Single-Sign-On-Service oder ein Identitätsprovider, bei dem man sich einmalig an-
meldet und über diesen seine Identität(en) verwalten kann, damit man sich pro Website
damit identifizieren kann, würde sich als Lösung anbieten. Dick Hardt hat den Begriff
Identity 2.0 geprägt und verbindet damit einen Ansatz, sich mit einer Online-Identität
bei Websites wie mit einem Führerschein ausweisen zu können (Hardt, 2005). Derzeit
verwalten Anbieter wie Google, Amazon oder Yahoo für ihr jeweiliges System die
Identitäten der Nutzer; allerdings handelt es sich dabei um Identitäts-Silos: Identitäten
oder Teile davon sind nicht kompatibel oder kombinierbar mit anderen Systemen. Ein
Identity 2.0-Ansatz stellt, wie das Web 2.0, den User in den Mittelpunkt und lässt den
Benutzer seine Identität selbst, bzw. über einen Identitätsprovider, den man sich wie
einen heutigen E-Mail-Provider vorstellen kann, verwalten (Ammirati, 2007). Die vier
derzeit konkurrierenden Systeme sind OpenID, Microsoft Windows CardSpace, SAML
und Liberty Alliance Specifications, wobei die beiden erstgenannten zurzeit die aus-
sichtsreichsten Kandidaten sind, weil sie die meisten Nutzer beherbergen und einer Zusammenarbeit mit anderen Anbietern nicht entgegenstehen (Ammirati, 2007). Als Men-
genbeispiel kann man hier OpenID nennen: 2007 gab es bereits 120 Millionen OpenID-
Inhaber und ungefähr 4.500 Websites haben den OpenID-Standard implementiert (Kveton, 2007). Das Thema Identity 2.0 wird sich weiterentwickeln und etablieren: spätes-
tens mit der Einbindung von Identity 2.0-Standards in viele populäre Websites, sowie
einem gleichzeitigen Aufkommen von Identitätsprovidern wird das Thema einer breiten
Masse im Web 2.0 zugänglich werden.

3.2   Soziale Entwicklungen

Die Entwicklung des Konsumenten zum Prosumenten kann als wesentliche Ausprägung
des Web 2.0 gesehen werden. Social Software senkt die Barriere etwas zu veröffentlichen, weil jeder Inhalte unterschiedlichster Art einfach im Web veröffentlichen kann.
Das Hochladen ist einfach und schnell durchzuführen, meistens kostenlos oder nur mit
geringen Kosten verbunden. Die vorherigen Herausgeber wie Verlage, Musiklabels oder
Fernsehsender, die als Gatekeeper agierten, wenn man etwas veröffentlichen wollte,
entfallen.

Dennoch kann man nicht davon ausgehen, dass von heute auf morgen alle passiven
Konsumenten, Menschen, die im 20. Jahrhunderts der passiven Konsumkultur gelebt

haben, sich sofort umstellen und Inhalte produzieren werden (Raabe, 2009). Die jährlich durchgeführte ARD/ZDF-Online-Studie gibt Aufschlüsse über die Internet- und auch Web 2.0-Nutzung in Deutschland. Demnach hat sich das Internet von einer frühen Phase, in der es nur durch Info-Eliten genutzt wurde, inzwischen „veralltäglicht", so dass es auch ein Medium für eher internetferne Bevölkerungsgruppen geworden ist. Das vielfach zitierte Mitmach-Web wird hingegen relativiert: zwar hat sich die Nutzung von Web 2.0-Angeboten wie der Wikipedia, YouTube oder Weblogs in den letzten Jahren stark erhöht, aber die Zahl derer, die aktiv Inhalte ändern oder erstellen, ist im Vergleich eher gering. Schon jetzt wird aber deutlich, dass die Jüngeren die Möglichkeiten des Internets wesentlich intensiver nutzen (Busemann/ Gscheidle, 2009). So wird auch die Art und Weise, wie Menschen mit dem neuen Web künftig umgehen werden, dessen Zukunft prägen. Die Generation der jetzt 16- bis 27-Jährigen, die „Digital Natives" oder auch Generation Millenial genannt wird, kennt die neuen I- und K-Technologien seit frühester Kindheit (Raabe, 2009). Deren Vertreter können sich an eine Zeit ohne Internet kaum noch erinnern, kommunizieren mit Freunden per Instant Messenger, Mobiltelefon und Social Networks und bedienen sich, anstatt Zeitung zu lesen, Radio zu hören oder linear Fernsehen zu sehen, des gezielten Ansurfens von relevanten News-Sites, hören Podcasts und MP3s auf digitalen MP3-Playern und sehen Videos auf Abruf oder auf digitalen Speichermedien, wann und wo sie möchten. Sie gehen völlig natürlich mit dem Internet um, können Informationen aus vielen Quellen besser und schneller verarbeiten und sind vielmehr aktive Produzenten als nur Konsumenten (Busemann/ Gscheidle, 2009). Das Web bestimmt diese Generation maßgeblich, ebenso wird diese Generation die Zukunft des Webs maßgeblich bestimmen. Letztlich geht die Entwicklung also dahin, dass das sich das Web insgesamt weiter ausdehnt und mit ihm die verfügbaren Informationen. Die Frage ist, wie diese Inhalte genutzt werden können und wie es möglich sein wird, die Qualität der Informationssuche und -auffindbarkeit und nicht zuletzt der Wissensgenerierung zu verbessern. Bisher war der Faktor Mensch maßgeblich für das heutige Netz, das in vielen Elementen auf „kollaborativer Intelligenz" basiert (Raabe, 2009):

- Waren es bei den klassischen Medien Journalisten, die Informationen für die Konsumenten aufbereiten, so übernehmen beispielsweise Blogger dieses für die digitale Welt. Durch den hohen Verlinkungsgrad in der Blogosphäre, bei der von vielen Personen als relevant empfundene Informationen öfter verlinken und kommentiert werden, sind diese somit besser auffindbar.

- Gemeinschaftliches Tagging etwa in Form von Social Bookmarking ist ebenso ein Element.

- Kollaboratives Filtern, wie es aus dem E-Commerce bekannt ist („Kunden, die diesen Artikel kauften, kauften auch diesen Artikel") oder auch bei dem der

Google-Suchalgorithmus benutzt wird (siehe Kapitel 2.2.3), stellt eine andere Möglichkeit dar.

Doch alle Möglichkeiten Informationen zu finden, stellen nach wie vor viele Anforderungen an den Nutzer, indem er durch Querlesen und Vergleichen mit den anderen Dokumenten schließlich das richtige Ergebnis, die gesuchte Erkenntnis herausfinden muss. Daran wird deutlich, dass das World Wide Web für die Nutzung durch den Menschen gedacht ist. Der Benutzer versteht die Dokumente; der Computer bisher nicht. Darin liegt der Ansatz des Semantic Webs: es wird eine semantische Ebene über das Web gelegt, so dass der Computer die Bedeutungen versteht:

„The Semantic Web is not a separate Web but an extension of the current one, in which information is given well-defined meaning, better enabling computers and people to work in cooperation.“ (Berners-Lee/ Hendler/ Lassila 2001)

Die von dem W3C erarbeitete Vision des Semantic Web basiert auf diversen Technologien und Konzepten, die jeweils unterschiedlich weit entwickelt sind. Sie lassen sich in einem aus mehreren, ineinander verschachtelten Schichten bestehenden Rahmenwerk zusammenfassen: Informationen müssen eindeutig auffindbar sein (URI/IRI) und in Datenbereiche unterteilt sein (XML). Als semantischer Baustein werden beschreibend Metadaten hinzugefügt (RDF, RDFS), wobei um ein tatsächliches Verständnis für bestimmte Anwendungsdomänen zu entwickeln, die damit zusammenhängenden Begriffe und deren Beziehungen untereinander in Ontologien zusammengefasst werden (OWL). Mit Abfragesprachen (SPARQL) sowie Regel-Systemen (RIF), welche die Voraussetzung bilden automatisch Entscheidungen und Schlussfolgerungen treffen zu können, lassen sich die Inhalte nutzen. Über diesen Technologien stehen eine vereinheitlichende Logik sowie Sicherheitskonzepte, die die Vertrauenswürdigkeit der Inhalte gewährleisten. Schließlich müssen auf der Darstellungsebene die Anwendungen und Benutzerschnittstellen in der Lage sein jene Technologien sinnvoll zu nutzen. Mit dem Semantic Web oder dem Einsatz von semantischen Technologien im Web würde sich somit eine revolutionäre Möglichkeit bieten, Informationen zu filtern und intelligente, gewissermaßen „verstehende" Anwendungen zu entwerfen (Raabe, 2009). Die in diesem Absatz angerissen Technologien werden in den Kapiteln vier und fünf näher betrachtet und es werden verschiedene Anwendungsszenarien für die technologischen Konzepte dargestellt.

4   Konvergenz des Social Web mit dem Semantic Web

Beschreibungen und Analysen des gegenwärtigen Internets leiden eher daran, dass sie einen revolutionären Sprung in der Entwicklung des World Wide Web annehmen. Besonders deutlich wird dies im Begriff des „Web 2.0", der von Tim O´Reilly (O´Reilly, 2005) geprägt wurde und in den vergangenen Jahren Einzug in öffentliche Diskussionen gehalten hat.

Für die weite Verbreitung des Begriffs „Web 2.0" in den einschlägigen Diskussionen von Beratern, Software-Entwicklern, Unternehmern oder journalistischen Beobachtern ist wohl auch der Umstand verantwortlich, dass er verschiedene Hoffnungen weckt: Auf geschäftliche Erfolge in einer Branche, die nach dem Ende des New-Economy-Booms durch spektakuläre Übernahmen wieder an Fahrt aufnimmt, aber auch auf Verbesserungen in der Art und Weise, wie Menschen im Internet ihre privaten oder beruflichen Beziehungen pflegen und Informationen austauschen können (Schmidt/ Pellegrini, 2009). Allerdings ist der Versionssprung nicht technisch begründbar (siehe Kapitel 1.1) und ist eher eine kommunikationssoziologische Veränderung mit all ihren gesellschaftlichen Konsequenzen, weswegen hier der Begriff des „Social Web" vorgezogen wird. Wie bereits in den einleitenden Kapiteln erwähnt, sind die Ideen des Webs 2.0 oder des Webs 3.0 kein völliges Novum und man kann das Semantic Web auch nicht als eigenständige oder abzweigende Entwicklung des WWW ansehen, deshalb wäre es richtiger die Konvergenz des Social Webs mit dem Semantic Web zum Social Semantic Web zu betonen.

4.1   Technische Grundlagen des Semantic Web

Wie geschildert liegt der Innovationswert des Social Web weniger in technologischen Durchbrüchen, sondern vielmehr in den veränderten Nutzungspraktiken. Dies soll die gesellschaftspolitische Wichtigkeit von Social Software nicht deformieren, doch von einem technologischen Quantensprung kann nicht wirklich gesprochen werden. Weitgehend abseits der öffentlichen Wahrnehmung vollzieht sich derzeit jedoch auch eine technologische Entwicklung und Konvergenz des Social Web mit dem Semantic Web. Die Entwicklung einer semantischen Sicht für das Web war in ihren Grundzügen bereits in den ersten Tagen des World Wide Web vorgesehen. Schon im Jahr 1994 wurde in der Forschergruppe um Tim Berners-Lee darüber nachgedacht, wie große, verteilte Datenbestände durch formale Beschreibungen geordnet und erschließbar gemacht werden können (siehe Kapitel 1.1). Man könnte annehmen, dass dieser Aspekt aus strategischen

Gründen in der Frühphase des Webs nicht angekurbelt wurde, um einen schnellen Roll-Out und die Erreichung einer kritischen Masse an Nutzern zu sicherzustellen (Schmidt/ Pellegrini, 2009). Mit HTML lag ab 1991 eine leicht zu erlernende, stabile Beschreibungssprache für Web-Dokumente vor, die in Kombination mit simplen Autorentools den Boom des heutigen World Wide Web auslöste. Content, der in HTML geschrieben wurde, wurde von Menschen für Menschen und nicht für Maschinen erstellt. Dies erübrigte eine Trennung zwischen Inhalt und Darstellung, schmälerte jedoch die Möglichkeiten der maschinellen Verarbeitung von Content. Das frühe Web galt daher bis zum Web 2.0-Boom im Jahr 2005 als ein „Web of Documents" oder „Informationsweb", in dem das Dokument das zentrale Wissensobjekt darstellte. In den letzten Jahren kam es zu einer sukzessiven – wenn schon nicht technologischen, zumindest doch konzeptuellen – Veränderung.

Was Tim O'Reilly (O'Reilly, 2005) auf die griffige Formel „*Data is the next Intel inside*" reduzierte, wird vor allem in Technikerkreisen als „Web of Data" oder Semantic Web bezeichnet. Als zentrale Wissensobjekte fungieren nicht mehr Dokumente sondern Contenteinheiten oder auch Ressourcen genannt: Klassen, Instanzen, Attribute, Links etc. (Ultes-Nitsche, 2010 und Schmidt/ Pellegrini, 2009), aus denen sich ein Dokument zusammensetzt. In der Folge wird für die inhaltlichen Bestandteile des Webs der Begriff Ressourcen verwendet, weil er den derzeit gebräuchlichsten Begriff in der einschlägigen Literatur darstellt. An einem Beispiel verdeutlicht: Nicht mehr die Webseite von George Bush ist relevant, sondern die Tatsache, dass George Bush eine Person (und keine Pflanzengattung) ist, dass diese Person ein Politiker ist, dass sie in den USA lebt und eine Webseite bzw. Emailadresse hat. Die ursprüngliche Webseite von George Bush wird in ihre inhaltlichen Bestandteile (Ressourcen) zerlegt und semantisch beschrieben. Dies führt zu einer höheren Granularität und Kontextualisierung von Web-Content und ermöglicht in weiterer Folge einen höheren Automatisierungsgrad bei der Bereitstellung und Verarbeitung der Ressourcen und der Content einer Webseite kann in ihrer Bedeutung einer Maschine verständlich gemacht werden (Schmidt/ Pellegrini, 2009).

Im Vergleich zum gegenwärtigen, auf HTML basierenden Web bedarf es dazu (neben der Trennung von Form und Inhalt z. B. mit Hilfe von XML (Extended Markup Language) und XSD (XML Schema Definition) auch der eindeutigen Referenzierbarkeit von Ressourcen durch sog. Uniform Resource Identifiers (URIs). Mittels Daten- oder Wissensmodellen in Form von Ontologien werden auf Basis formalisierter Beschreibungssprachen – wie RDF (Ressource Description Framework) oder OWL (Web Ontology Language) – die Beziehungen und Regeln, die zwischen den Webressourcen existieren, modelliert und dadurch in einen Kontext gesetzt (Ultes-Nitsche, 2010). Ontologien geben also Auskunft darüber, warum eine Ressource mit einer anderen verbunden ist, und erzeugen damit eine wichtige Zusatzinformation, die im Social Web weitgehend fehlt. Um Ontologien noch präziser zu beschreiben, kann man eine Definition heran ziehen

(Sack, 2010): „[...]der Ontologiebegriff [...] bezeichnet eine 'explizite, formale Spezifikation einer gemeinschaftlichen Konzeptualisierung', d.h. ein abstraktes Model (Konzeptualisierung), das alle relevanten Begriffe innerhalb einer Domäne und deren Beziehungen untereinander abbildet, wobei die Bedeutung der Begriffe vollständig definiert werden muss (explizit), und zwar in einer maschinenlesbaren Form (formal), und Konsens unter den kommunizierenden Parteien über die Bedeutung der Ontologie herrschen muss."

Die formale Beschreibung von Ressourcen mittels Metadaten bildet die wichtigste Technik im Semantic Web. Metadaten werden mittels Ontologien organisiert und in sinnvolle Zusammenhänge gesetzt, sodass Content weitaus präziser beschrieben und auf seine semantischen Zusammenhänge hin analysiert werden kann. Mittels Ontologien wird etwa zum Ausdruck gebracht, dass ein Politiker bestimmte Funktionen erfüllt, dass er einer politischen Fraktion angehört, dass er eine Amtsperiode hat, und dass er über Rechte und Pflichten verfügt, für die er sich vor dem Volk verantworten muss. Damit steigt die Granularität, mit der Wissensressourcen im Web (wie z. B. Personen, Produkte, Texte, Videos, Fotos, Links etc.) beschrieben und miteinander kombiniert werden können (Schmidt/ Pellegrini, 2009). Einfache Beispiele für Ontologien aus unserem täglichen Leben sind z.B. Thesauri, also Wörterbücher in denen inhaltliche Zusammenhänge zwischen einzelnen Begriffen aufgezeigt werden, wie z.B. Ober- und Unterbegriffe („Textilien" und „Hose"), Spezialisierungen und Verallgemeinerungen („Hose" und „Jeans") Synonyme und assoziativ verknüpfte Begriffe („Schneider" und „Hose").

Neben Thesauri existieren auch einfachere Taxonomien und Partonomien, das sind hierarchisch aufbauende Wissensrepräsentationen, in denen Ober-und Unterbegriffe bzw. Teil-Ganzes-Beziehungen baumartig aufeinander aufbauen. Es können aber auch an einzelne Begriffe Regeln oder Bedingungen geknüpft werden, deren Gültigkeit sich formal überprüfen lässt, z.B. „Wenn A die Schwester von B ist und C die Tochter von A, dann ist B die Tante von C". Dies ist dann eine Bedingung, die zwischen zwei Entitäten erfüllt sein muss, wenn die Beziehung „ist Tante von" definiert ist (Sack, 2010).

Im Semantic Web werden Ontologien mithilfe unterschiedlich ausdrucksstarker, formalsprachlicher Hilfsmittel umgesetzt und sind Teil der Semantic Web Architektur, die in einem Schichten Modell dargestellt werden kann (siehe Abb. 6):

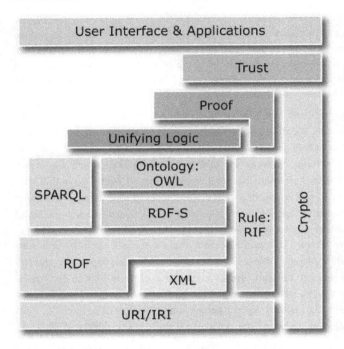

Abbildung 6: Semantic-Web-Architekturmodell (Quelle: Bratt, 2007)

Alle Ressourcen werden im Semantic Web mithilfe einer eindeutigen Adresse, eines Uniform Ressource Identifier (URI), identifiziert. Alle Sprachen, die zur Wissensrepräsentation verwendet werden, bauen auf der Extensible Markup Language (XML) als Sprache zur universellen Vokabulardefinition auf. Mit ihr lassen sich Klassen mittels XML Schema Definition Language (XSD) und Instanzen dieser Klassen (XML) definieren. Einfache Zusammenhänge zwischen Objekten lassen sich mithilfe des darauf aufbauenden Resource Description Framework (RDF und RDF Schema) festlegen. SPARQL (Simple Protocol and RDF Query Language) definiert eine standardisierte Abfragesprache und ein Datenzugriffsprotokoll unter Verwendung des RDF-Datenmodells, welches die einzelnen Ressourcen einer Datenquelle beschreibt. Der Aufbau und ein Beispiel für die Syntax von SPARQL kann in der SPARQL RDF Query Language Reference v1.8 (Beckett, 2006) eingesehen werden. Eine ausdrucksstärkere Semantik über weitere Einschränkungen oder zu erfüllende Bedingungen und Abhängigkeiten zwischen Klassen und Instanzen kann mit der Web Ontology Language (OWL) definiert werden. OWL selbst implementiert eine Beschreibungslogik (Description Logic), mit der eine formale Definition der im Semantic Web gebräuchlichen Wissensrepräsentation erfolgt. Des Weiteren wird ein Austauschdatenformat für logische Regeln definiert das Rules Interchange Format (RIF). In der Schichtenarchitektur folgen darauf aufbauend weitere Abstraktionsebenen mit logikbasierten Systemen, die es erlauben, aus vorhandenem Wissen neuen Schlussfolgerungen zu ziehen oder auch dessen Konsistenz zu prüfen. Die Plausibilität des repräsentierten Wissens lässt sich anhand der Herkunft (Provenienz) überprüfen (Web of Trust Layer). Den Abschluss der Semantic Web Architektur bildet eine Anwendungsschicht, die die Schnittstelle zwischen Benutzer und Semantic Web festlegt und ausgestaltet. Die Standardisierung der einzelnen Architekturschichten ist bislang bis zur Ontologieschicht vorgedrungen (Stand November 2009), alles Darüberliegende (auch die Ontologieschicht selbst), ist noch Gegenstand der aktuellen Forschung (Sack, 2010).

Eine besondere Stellung im Semantic Web nimmt zurzeit die „Linked Data" ein. Dahinter verbergen sich semantisch annotierte Daten, die auf strukturierte Daten aus Datenbanken aufbauen, die bereits öffentlich über das WWW bereitgestellt werden. Es gibt zahlreiche Webportale und Websites, die auf großen Datenbeständen basieren. Allerdings wurden diese Datenbanken jeweils unabhängig voneinander und zu unterschiedlichen Zwecken entwickelt. Die Semantik ist aber nur in den darauf zugreifenden Anwendungsprogrammen implementiert. Ziel ist es aber die Semantik unabhängig der Anwendungsprogramme zu implementieren und in die Daten selbst zu integrieren, um eine Unabhängigkeit von spezifischen Anwendungsprogrammen zu erreichen, damit andere Applikationen im Sinne des Open-Source-Gedankens diese Daten nutzen können (Sack, 2010). Große Datenbestände strukturierter Daten werden als Linked Data in die semantische Markupsprache RDF überführt, damit sie interoperabel und unabhängig verwendet werden können. Die „DBpedia" ist das Linked-Data-Pendant von Wikipedia. Mit ihr werden große Mengen frei verfügbaren Wissens im Semantic Web zur Verfügung gestellt (Sack, 2010) und sie ist der Kern eines Netzwerkes, dass oft als „Linked Open Data Cloud" bezeichnet wird und öffentlich verfügbare Linked-Data-Ressourcen abbildet (siehe Abb. 7):

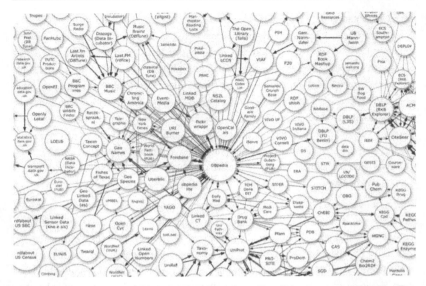

Abbildung 7: Visualisierung der "Linked Open Data Cloud" im Semantic Web (Quelle: linkeddata.org)

Alle semantischen Applikation bauen in irgendeiner Weise auf Anwendungen des Social Webs auf. Somit, wie bereits erwähnt, kann es nur eine Konvergenz des Social Webs mit dem Semantic Web geben, infolgedessen wird im folgenden Abschnitt die Entwicklung, die dazu geführt hat noch einmal deutlich gemacht.

4.2 Vom Social Web zum Social Semantic Web

Die sich häufende Verwendung semantischer Technologien, Content des Social Web in einer strukturierten Form mit Bedeutung (Semantik) und die kollaborative Intelligenz mit maschinenlesbaren Metadaten zu versehen, ist ein eindeutiger Indikator für den Trend in Richtung „Social Semantic Web". In diesem leisten die Nutzer, unterstützt durch Maschinen und die stetig wachsende Datenbasis, einen Beitrag zur strukturierten Aufbereitung von Web-Content (Schmidt/ Pellegrini, 2009). Wie viel Mehrwert der bewusst und unbewusst generierten Metadaten an die Endnutzer zurückfließt, ist schwer messbar, unterliegt jedoch weitestgehend der Selbstregulierung. Problematisch wird es hingegen bei von den Nutzern unbemerkt erhobenen Metadaten zu Profiling- oder Überwachungszwecken. Die aktuellen Privacy-Debatten rund um Themen wie Bundestrojaner, Vorratsdatenspeicherung oder den „Datenhunger" von Unternehmen wie Google zeigen die Konflikte, die in diesem Bereich gelöst werden müssen (Bendrath, 2007). Das Social Semantic Web beruht also auf der voranschreitenden Konvergenz von Human Computing und maschineller Datenaufbereitung (Schmidt/ Pellegrini, 2009). Diese vollzieht sich in Form von erweiterten „semantischen" Funktionalitäten von Social Software Anwendungen, wie Recommender-Funktionalitäten (z. B. empfohlene Tags), Verwaltungswidgets (z. B. farbliche Hinterlegung von relevanten Begriffen), Kontext-Boxen (z. B. zusammenfassender Überblick der wichtigsten Daten) und moderierte Systeme (z. B. „Meinten-Sie"-Funktionen). Die darunter liegende Komplexität bleibt den Endnutzern jedoch weitgehend verborgen. Social Semantic Web oder allgemein semantische Webtechnologien sind Back-End-Technologien, die durch das Look & Feel des Web 2.0 an die dort gebräuchlichen Praktiken anschließen (Schmidt/ Pellegrini, 2009).

Die Einbindung von Nutzern ermöglicht es nachträglich und kontinuierlich Wissensobjekte, die digital darstellbar sind, mit Semantik anzureichern: So können beispielsweise Tags, mit denen Nutzer Lesezeichen verschlagworten, automatisch in einer maschinenverarbeitbaren Form abgelegt und in die dahinter liegende Ontologie eingebettet werden. Ausgereifte Methoden des Textmining und der natürlich-sprachlichen Verarbeitung unterstützen den Nutzer gleichzeitig bei der Verschlagwortung von Dokumenten, indem sie Vorschläge unterbreiten, nicht offensichtliche Relationen zwischen zwei Objekten aufzeigen und Ressourcen mit einer eindeutigen Kennung (URIs) versehen (Sack, 2010).

Im Gegenzug dient der Input der Nutzer dazu, die Ontologie, in welcher die Zusammenhänge und Funktionalitäten eines Themengebietes (Domain) oder deren begriffliche Ausgestaltung (Terminologie) modelliert sind, ständig den Vorlieben der Nutzer anzupassen, neue Zusammenhänge zu ergänzen und unnötige Bereiche der Ontologie zu entfernen. Ontologien im Social Semantic Web müssen als dynamische Konstrukte verstanden werden, deren Gültigkeitsbereich Veränderungen unterliegt (Schmidt/ Pellegrini, 2009), besonders wenn sie im Social Web eingesetzt werden und beispielsweise soziale Beziehungen oder thematisch vernetzte Diskussionen repräsentieren.

Die Besonderheit des Konzepts des „Social Semantic Web" liegt darin, die spezifischen Vorzüge der unterschiedlichen Entwicklungen zusammen zu führen. Auf Seiten des Social Web ist die Entwicklung zum „Prosumenten" besonders bedeutungsvoll, worunter das Zusammenwachsen von Produktion, Verbreitung, Bewertung und Konsumtion bzw. Rezeption von Wissens- und Kulturgütern verstanden wird (Tapscott/ Williams, 2007). Auf Seiten des Semantic Web ist es die formale Struktur, welche es Maschinen ermöglicht sinnvolle Zusammenhänge zwischen Daten zu erkennen und dadurch den Nutzer bei der Navigation durch große Datenbestände und dem Auffinden von relevanten Informationen zu unterstützen. Die Synthese beider Bereiche würde ein neues Modell der Generierung, Organisation und Vertrieb von Informationen ergeben, das zum Beispiel die Auffindbarkeit und Verfügbarmachung von User-Generated-Content verbessern oder Vertrauensprozesse unterstützen könnte, die für die Bewertung von Ressourcen notwendig sind.

5 Semantic Web Technologien und Anwendungsszenarien

Dieses Kapitel beschäftigt sich mit ausgewählten Semantic Web Technologien und es werden darauf aufbauend Anwendungsszenarien, die schon heute praktiziert werden, beschrieben.

Was an HTML semantisch ist und wie Metadaten mit expliziter Semantik in HTML ausgedrückt werden können, wird beleuchtet und an einem Beispiel dargestellt. Die praktische Realisierung von semantischen HTML wird anhand von zwei komplementären Ansätzen, Microformats und das von W3C standardisierte RDFa (RDF in Attributen), erläutert (Hausenblas, 2009).

Wie bereits angesprochen ist die Suche im Web noch nicht so ausgereift (siehe Kapitel 2.2.3). Traditionelle Suchmaschinen im World Wide Web sind heute einfach nicht effizient genug und sollten sowohl eine höhere Treffergenauigkeit und damit eine höhere Qualität der Suchergebnisse liefern, als auch einen besseren Überblick über die Ergebnisse bzw. den ganzen Suchraum bieten. Abhilfe verspricht hier eine Suche, die sich am tatsächlichen Inhalt der durchsuchten Dokumente orientiert, anstatt wie bisher üblich am Vergleich von Zeichenketten, wobei Kontext und Pragmatik berücksichtigt werden müssen (Sack, 2010). Dies kann mithilfe geeigneter Wissensrepräsentationen explizit gemacht werden. Mit der Integration der semantischen Annotationen in den Suchprozess, eröffnen sich neue Möglichkeiten, die Qualität dieser Suchergebnisse zu verbessern und an spezielle Benutzeranforderungen anzupassen. Inhaltliche Zusammenhänge zwischen einzelnen Dokumenten können explizit gemacht werden und erlauben über Klassifikationen und Kategorisierungen neue Wege der Visualisierung des Such- und Ergebnisraumes hin zur explorativen Suche, die es dem Benutzer erlaubt die Suchergebnisse und damit im Zusammenhang stehende Informationen zu erkunden. Diese neuen Möglichkeiten der semantischen Suche sollen am Beispiel der Videosuchmaschine yovisto.com (Sack, 2010) dargestellt werden.

Sucht der Benutzer nach Stichworten, werden ihm Anhand der Ontologien (siehe 4.1) verwandte Begriffe angezeigt und er kann mittels Mensch-Maschine-Interaktion seine relevante Information extrahieren. Um eine solche Interaktion zu fördern kann man die Ergebnisse visuell aufbereiten. Dabei liegt der Mehrwert darin, dass der Benutzer anstelle von Tausenden von Suchresultaten in einer fast endlosen Liste ein kartografisch visualisiertes Resultat bekommt (Portmann/ Kuhn, 2010). Die Visualisierung hilft unvorhergesehene Beziehungen zu entdecken und zu erforschen. Im Kapitel 5.3 wird auf die Möglichkeiten der kartografischen Visualisierung von Suchergebnissen eingegangen.

Im weiteren Verlauf wird eine Erweiterung der klassischen Wiki-Software „MediaWiki" vorgestellt (Krötzsch/ Vrandecic, 2009) und zusammenfassend das Anwendungsgebiet dargestellt.

5.1 Anreicherung von Webinhalten mit Semantik durch RDFa und Microformats

In diesem Abschnitt wird der Frage nachgegangen, was an HTML semantisch sein kann und wie Metadaten mit expliziter Semantik in HTML ausgedrückt werden können. Während Microformats einen sehr einfachen, zielorientierten Ansatz darstellen, Metadaten in HTML einzubetten, stellt RDFa eine vollwertige Semantic Web Technologie dar, da es die Einbettung beliebiger RDF Graphen in HTML erlaubt. Dieser generische Ansatz von RDFa, in Verbindung mit der Verwendung von URIs zur Identifikation von Entitäten und Ressourcen im Web macht RDFa zum Standard für semantisches HTML (Hausenblas, 2009).

Um die grundlegende Problematik zu verdeutlichen wird durchgehend ein Beispiel (Hausenblas, 2009) verwendet, das einen kurzen Sachverhalt beschreibt:

"**My Interest:** I am a Queen aficionado and especially like the gig 'Live at Wembley '86', which took place in 1986 at the Wembley stadium."

In diesem kurzen Beispiel steckt viel kontextuelle Information, sowie zeitliche und örtliche Angaben. Ein Mensch, der diesen Satz liest, kann verstehen was gemeint ist. Für eine Maschine, also ein Stück Software, ist es jedoch ungleich schwieriger zu interpretieren, dass mit Queen die Rockgruppe und nicht die Königin Groß-Britanniens gemeint ist. Weiter kann ein Semantic Web Agent mit 1986 und „Wembley stadium" wenig anfangen.

Statt dem Konsumenten einer Information die Arbeit aufzubürden den Inhalt zu interpretieren, gibt es einen sinnvolleren Weg, nämlich den Erzeuger einer Webseite die Semantik der Inhalte explizit festlegen zu lassen (publisher-driven approach) (Hausenblas, 2009). Ob dies nun mittels Gleaning Resource Descriptions from Dialects of Languages (GRDDL), oder den oben angesprochenen Methoden, Microformats und RDFa erfolgt, ist dabei zweitrangig. Wesentlich bei diesem Ansatz ist, dass quasi auf Senderseite eine selbstbeschreibende Information erstellt wird, und nicht wie im klassischen Sinne der Benutzer, der die Information verarbeitet, diese deuten muss (Hausenblas, 2009).

Die Abb. 8 verdeutlicht die Situation. Es gibt einerseits den menschlichen Benutzer, der via Browser eine HTML-Seite konsumiert; andererseits sind maschinelle Benutzer

(Agenten, Bots, etc.) im Web unterwegs, welche aufgabenorientiert die Inhalte konsumieren.

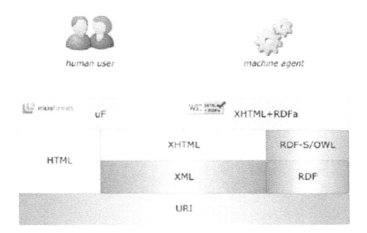

Abbildung 8: Konsumenten von Webinhalten (Quelle: Hausenblas, 2009)

Die Verbreitung der Microformats ist wohl durch ihre Einfachheit und die absolute Zweckausrichtung erklärbar. Die Kernidee von Microformats besteht darin, Metadaten in HTML-Attributen unterzubringen. Einerseits werden unter Microformats einfache Patterns wie das rel-Tag verstanden, andererseits Übersetzungen von verbreiteten Vokabularen wie z. B. hCard, welches auf vCard basiert und zur Repräsentation von Kontaktdaten wie Name, Adresse, usw. dient) (Hausenblas, 2009). In Abb. 9 sind die elementaren und die zusammengesetzten Microformats schematisch dargestellt:

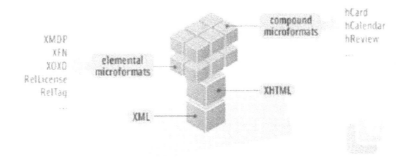

Abbildung 9: Übersicht Microformats (Quelle: Hausenblas, 2009)

Das Beispiel von oben könnte mit Microformats nun, wie folgt, beschrieben werden:

```
<div class="vcard">
  <span class="n">
    <h2>
      <a class="url given-name " href="http://sw-app.org/about.html "> My
      </a>
      interest
    </h2>
  </span>
  <p>
    I am a
    <a href="http://en.wikipedia.org/wiki/Queen_(band)"
rel="tag">Queen</a>
    aficionado and especially like
    the gig "Live at Wembley '86", which took place in
    1986 at the
    <a href="http://www.wembleystadium.com"> Wembley
      stadium</a>
  </p>
</div>
```

Mit der Verwendung von beiden Microformats hCard und rel-tag im obigen Beispiel wurde die Semantik der Aussage ein Stück expliziter gemacht. Allerdings werden dabei auch die Unzulänglichkeiten der Microformats im Kontext des Semantic Web deutlich. Da Microformats im Wesentlichen Abbildungsregeln für bestimmte Vokabulare oder Patterns in genau definierte HTML Attribute sind, ergeben sich folgende Probleme (Hausenblas, 2009):

- URIs werden von Microformaten nicht zur Identifikation von Entitäten oder Ressourcen unterstützt; dies macht die Interoperabilität mit dem auf URIs basierendem Semantic Web schwer bzw. gar nicht möglich.

- Microformats besitzen kein gemeinsames Datenmodell (wie z. B. RDF), d. h. es muss für jedes Vokabular eine eigene Abbildungsregel definiert werden. Dies bedeutet entsprechenden Implementierungsaufwand bei Tools, die entsprechende Formate unterstützen wollen.

- Aufgrund der flachen Vokabularstruktur (keine Namensräume) gibt es keine (einfache) Kombinationsmöglichkeit verschiedener Vokabulare (z. B. hCard mit hCalendar auf einer Seite einsetzen).

- Die Definition der Vokabulare ist einer kleinen, geschlossenen Gemeinde vorbehalten; eigene Erweiterungen sind nicht möglich. So kann zum Beispiel nicht einfach für einen Fachbereich (Biologie, Ökonomie, etc.) ein Vokabular definiert werden; nur existierende Vokabulare werden anerkannt und erhalten entsprechenden Support. Soll ein neues Microformat eingeführt werden, muss zuerst seine praktische Verwendung anhand von bestehenden Webseiten nachgewiesen werden.

Das Semantic Web besitzt mit RDF ein Datenmodell, welches erlaubt strukturierte Aussagen zu machen. Eine Aussage ist dabei stets in der Form Subjekt – Prädikat – Objekt. Die Gesamtheit aller Aussagen bildet dabei einen gerichteten, beschrifteten Graphen (vgl. Abb. 10). Das Subjekt kann eine URI (oder ein anonymer Knoten) sein, das Prädikat ist immer eine URI und schließlich das Objekt, welches eine URI, ein anonymer Knoten oder ein Literal (ein einfacher oder auch typisierter Wert, eine reine Zeichenfolge) sein kann (Hausenblas, 2009).

Doch wie kann man HTML jetzt mit RDFa verknüpfen?

Wie bei den Microformats werden ausgesuchte HTMLAttribute verwendet, um Metadaten (also den RDF Graphen) einzubetten. RDF in Attributen (RDFa) macht genau das. Microformats und RDFa haben eine Menge Gemeinsamkeiten. Es geht in erster Linie darum, Metadaten in HTML einzubetten. Beide sind von einem Container abhängig, in dem sie eingebettet sind: eben dem (X)HTML Dokument. Das primäre Ziel von beiden Technologien ist es, die Daten für die maschinelle Verarbeitung eindeutig zu kennzeichnen. Da der Inhalt von HTML-Attributen im Gegensatz zu Elementen (wie z. B. *table*) nicht strukturiert ist, gibt es Freiheiten, diesen Inhalt zu interpretieren. Ein weiterer Freiheitsgrad besteht in der Auswahl der Zielattribute.

Verwendet man einige wenige, werden bestehende Attribute benutzt, oder definiert man neue? Welcher Weg auch immer verfolgt wird, sollte man stets Redundanzen minimieren und damit Inkonsistenzen vermeiden (Hausenblas, 2009).

Hier setzt RDFa an: Statt für jedes Vokabular eine Abbildung in das Zielformat (Container) zu definieren, wird festgelegt, wie ein RDF Graph in (X)HTML abgebildet wird. Da mit RDF (bzw. RDF Schema, OWL, etc.) beliebige Vokabulare wie FOAF, etc. repräsentiert werden können (Hausenblas, 2009), erhält man somit eine Art generisches Mikroformat. Die Vorteile (Sack, 2010) von RDFa sind damit offensichtlich:

- Das Datenmodell ist einheitlich, es ist das Resource Description Framework.

- Es ist nur einmal ein generischer Extraktor zu implementieren, der in weiterer Folge jedes beliebige Vokabular versteht (z. B. von RDFa nach RDF/ XML, etc.).

- Durch Namespaces ist die Skalierbarkeit garantiert, d. h. es können beliebige Vokabulare gemeinsam in einer Seite verwendet werden.

- RDFa hat alle Vorteile von Microformats (self-contained data, DRY- (Don´t-repeat-yourself) Prinzip, etc.).

Der resultierende RDF Graph kann in weiterer Folge in andere Informationsbestände integriert werden, bzw. es kann eine Abfrage durchgeführt werden (mit SPARQL). In der Abb. 10 ist die Verwendung von einer mit RDFa annotierten Webseite (ein FOAF Dokument) dargestellt:

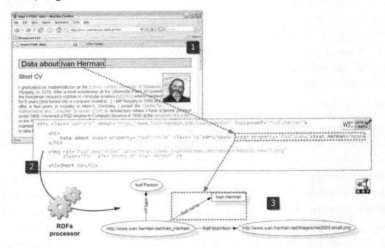

Abbildung 10: Ein FOAF Dokument mit RDFa (Quelle: Hausenblas, 2009)

Die Webseite (1) ist für einen menschlichen Betrachter wie gewohnt lesbar. Sieht man sich den Quelltext der HTML-Seite (2) an, erkennt man das eingebettete RDFa. Mit einem RDFa-Prozessor (siehe http://rdfa.info/rdfa-implementations/) kann ein RDF Graph (3) erzeugt werden, der für die maschinelle Verarbeitung zur Verfügung steht.

Wie das oben genannte Beispiel mit XHTML + RDFa und der resultierende RDF Graph (in N3 Notation) aussehen kann wird im Anhang (A.3 und A.4) dargestellt.

Das Beispiel demonstriert nebenbei auch die eigentliche Idee des Semantic Web. Für einen Menschen ergibt sich auf den ersten Blick kein Unterschied, tatsächlich erlauben die eingebetteten, maschinenverarbeitbaren Metadaten eine Menge neuer Anwendungsfälle. So können z. B. durch einfaches Markieren des entsprechenden Bereiches auf der Webseite (mit Hilfe eines Bookmarklets) die Metadaten in den eigenen Blog übernommen werden. Weiter ist durch die Anwendung des DRY-Prinzips sichergestellt, dass sich Änderungen in den (menschenlesbaren) Daten konsistent in den Metadaten auswirken.

Semantische HTML ist im Vormarsch. In der praktischen Umsetzung gibt es unterschiedliche Zugänge, wie Microformats, RDFa oder GRDDL. Das gemeinsame Ziel aller Technologien ist es, die Informationen in einer Webseite „maschinenverarbeitbar" zu machen, d. h. eine automatische Verarbeitung von HTML-Seiten durch Software zu ermöglichen. Dabei legt der Erzeuger einer Webseite explizit die Semantik in der HTML-Seite fest. Je nachdem, ob man sich mit einfachen, fixierten Vokabularen und limitierten, aber dafür schon weiter verbreiteten, Möglichkeiten (Microformats) begnügt, oder gleich im Semantic Web (RDFa) mitmischen will: Semantisches HTML stellt einen wesentlichen Schritt in Richtung Realisierung des lange erwarteten und versprochenen Semantic Webs dar.

5.2 Semantische Suche

Das gängige Paradigma des Information Retrieval (siehe Kapitel 2.2.3) setzt unter anderem voraus, das der Informationssuchende genau weiß, was er sucht. Ist dies jedoch nicht der Fall und möchte der Suchende lediglich einen Überblick über die vorhandenen Informationsressourcen zu einem bestimmten Themengebiet erlangen, wird dies im Falle der WWW-Suche nahezu unmöglich, aufgrund der schieren Masse an Informationsressourcen im Suchraum. Eine Möglichkeit zumindest einen besseren Überblick zu erhalten, bieten statistische oder auf maschinellem Lernen beruhende Clustering-Verfahren, die eine Sortierung und Filterung der erzielten Suchergebnisse nach weiteren, inhaltlichen Kriterien ermöglichen (facettierte Suche). Aber das Blättern im Katalog, ähnlich einem Bummel in einem Kaufhaus, ist mit einer schlüsselwortbasierten WWW-Suchmaschine dennoch nicht möglich (Sack, 2010).

Abhilfe kann hier ein semantisch unterstütztes Information Retrieval mit Hilfe von Ontologien und Linked Data leisten.

Explizite formale Semantik kann in Form von Semantic-Web-kompatiblen Metadaten zur Verbesserung der Suche im WWW herangezogen werden. Dabei kann zwischen der Nutzung von Ontologien, also von Klassen, Beziehungen zwischen Klassen sowie Einschränkungen, Bedingungen und Regeln, die an Klassen geknüpft sind und zwischen der Nutzung einzelner Instanzen dieser Ontologien in Form von Linked Data unterschieden werden (Sack, 2010). Diese semantischen Metadaten können das klassische Information Retrieval auf folgende Weise unterstützen:

Eine sinnvolle und zielgerichtete Präzisierung und Erweiterung von Suchergebnissen, dem sogenannten „Query String Refinement", kann die Suche im WWW um ein Vieles effektiver machen. Bei der klassischen Suche lassen sich bei einer Suchanfrage einzelne Terme der Sucheingabe (Query-String) mithilfe boolescher Junktoren vergleichen. Werden zwei Terme mit einem logischen „UND" miteinander verknüpft, müssen beide Terme als Deskriptoren im Suchergebnis vorliegen, d.h. in einer textbasierten Suchmaschine müssen alle Ergebnisdokumente diese beiden Terme des Query-Strings enthalten. Verknüpft man hingegen mehrere einzelne Terme über ein logische „ODER"-Verknüpfung, werden die Ergebnisse einen der beiden Terme bzw. sogar beide enthalten. Darüber hinaus ist die Kombination von mehreren Junktoren möglich, um die Suche zu präzisieren. Die resultierende Dokumentenmenge entspricht der Vereinigungsmenge der Ergebnissemengen, die den jeweiligen Einzeltermen zugeordnet sind (Sack, 2010).

Die Frage ist jedoch, welche Terme sind jeweils zur Präzisierung bzw. Erweiterung am besten geeignet?

Wird als Einzelterm-Sucheingabe ein mehrdeutiger Term genommen, enthält das Suchergebnis voraussichtlich nicht viele relevante Dokumente. Um diesen mehrdeutigen Term zu präzisieren, kann man bereits mithilfe eines Thesaurus bzw. einer Taxonomie eine entsprechende Filterung der Suchergebnisse erreichen. In diesem Zusammenhang könnte durch die Auswahl der Nutzer die konkrete Festlegung der eindeutigen Bedeutung der Terme erfolgen, im Einklang mit Thesauri, Taxonomien oder Domain-Ontologien, die im Hintergrund synonyme oder bedeutungsähnliche Begriffe verwalten (Sack, 2010). In gleicher Wiese kann aber auch die semantische Suche eine Erweiterung des Suchergebnisses in unterschiedliche Bedeutungskontexte vorschlagen, was besonders von Vorteil ist, wenn sich unter den erzielten Suchergebnissen zu wenige bzw. keine für den Benutzer relevante Ergebnisse befinden. In einem solchen Fall hilft eine Erweiterung des Suchraumes durch Bereitstellung synonymer oder bedeutungsähnlicher Begriffe aus einem Thesaurus oder einer geeigneten Domain-Ontologie.

Durch die Ergänzung des ursprünglichen Query-Strings mit Termen, die aus relevanten Ontologien stammen, wird nicht nur eine zielgenaue Suche ermöglicht, sondern auch eine assoziativ motivierte Suche (Sack, 2010), die anhand impliziter Zusammenhänge Naheliegendes erschließt oder aufdeckt, und so dem Suchenden einen Einblick in vorhandene Information gewährt, die er über die traditionelle Suche nicht gefunden hätte. Diese Suchparadigma nennt man (Sack, 2010) auch „Inference" (Herleitung von implizit vorhandener, verdeckter Information).

Prinzipiell unterscheidet man hier zwischen zwei unterschiedlichen Arten der Herleitung impliziter Information:

- Die häufigste Form dabei ist das „deduktive Reasoning", bei dem aus explizit gespeicherten Fakten auf implizites Wissen geschlossen wird. Ist z.b. die Entität „Alice" eine Instanz der der Klasse „Mutter" und die Klasse „Mutter" eine Unterklasse der Klasse „Frau", kann daraus gefolgert werden, dass „Alice" ebenfalls eine „Frau" ist.

- Umgekehrt werden mithilfe „induktivem Reasoning" aus vorhandenem Faktenwissen allgemeine Behauptungen aufgestellt. Sei z.b. die Entität „Alice" eine Instanz der Klasse „Frau" und sei „Alice" mit der Entität „Franz" über die Eigenschaft „hatKind" verbunden. „Barbara" sei ebenfalls eine Instanz der Klasse „Frau", allerdings ohne einen Verbindung zu einer weiteren Instanz über die Eigenschaft „hatKind". Dann kann eine neue Klasse „Mutter" aus dem positiven Beispiel „Alice" und dem negativen Beispiel „Barbara" gelernt werden. Mithilfe einer Beschreibungslogik könnte der Sachverhalt folgendermaßen ausgedrückt werden:

  o Alice $\in$ Frau, hatKind(Alice,Franz), Barbara $\in$ Frau

  o Mutter $\subseteq$ (Frau $\cap$ $\exists$ hatKind)

Auf ähnliche Weise lassen sich Querverweise und Assoziationen zwischen Instanzen oder Klassen ermitteln das sog. „Cross-Referencing" (Sack, 2010). Dabei geht es prinzipiell darum, zusätzliche Suchergebnisse bereitzustellen, die zwar den Suchbegriff nicht direkt enthalten, aber inhaltlich mit ihm in Zusammenhang stehen. Grundlage dabei ist ebenfalls wieder eine Domian-Ontologie bzw. Thesauri oder auch Kookkurrenzanalysen in repräsentativen Dokumentkorpora (Container für Dokumente eines Themengebietes), mit deren Hilfe Zusammenhänge zwischen zwei Entitäten gefunden werden, die sich nicht auf den ersten Blick offenbaren (Sack, 2010). Dabei wird versucht, zwei Instanzen einer Klasse oder einer Oberklasse zuzuordnen. Anhand gemeinsamer Ausprägungen von Eigenschaften, die diesen Instanzen über ihre Klassenzugehörigkeit zugeordnet werden können, lassen sich implizite Verbindungen und Zusammenhänge als sogenannte Querverbindungen entdecken.

Um nicht mehr durch eine endlos lange Liste textbasierter Suchergebnisse blättern zu müssen und dadurch eigentlich recht genau wissen zu müssen was man sucht, bietet sich die explorative Suche für eine „Erkundung" des Suchraumes an. Mit ihr verhält es sich in etwa, wie mit der Suche in einer Bibliothek. Der Nutzer hat die Möglichkeit die Bücheregale selbst zu betrachten, in denen die vorhandenen Informationsressourcen systematisch geordnet aufgereiht wurden. So kann er innerhalb eines Themengebietes „herumstöbern" und dabei zufällig auf Informationen stoßen, die im vorher gar nicht so sehr bewusst waren. Um eine explorative Suche zu realisieren, muss das Wissen um Inhalte und Zusammenhänge, der zu durchsuchenden Dokumente, mithilfe geeigneter Domain-Ontologien und Linked-Data-Ressourcen (Sack, 2010) repräsentiert werden.

Ein Beispiel für die im vorangegangenen Kapitel Abschnitt beschriebene explorative Suche soll anhand der Videosuchmaschine www.yovisto.com (Beispiel aus Sack, 2010) aufgezeigt werden. Das in dieser Videosuchmaschine verwaltete Videomaterial beschränkt sich aktuell auf mehr als 10.000 (Stand: Juli, 2010) Aufzeichnungen universitärer Lehrveranstaltungen und wissenschaftlicher Vorträge, hauptsächlich in deutscher und englischer Sprache (Sack, 2010).

Die Video Suchmaschine yovisto ermöglicht eine zielgenaue und inhaltbasierte Suche in den verwalteten Videoressourcen. Dies wird durch eine komplexe, automatisierte inhaltliche Analyse der Videoaufzeichnungen mit daraus gewonnen zeitbezogenen Metadaten erreicht (Sack, 2010). Die Videoanalyse bedient sich dabei folgender Technologien:

- Automatische Segmentierung: Das Video wird in einzelne, inhaltlich zusammenhängende Sequenzen unterteilt, dabei werden den einzelnen Sequenzen inhaltliche Metadaten zugeordnet.

- Intelligente Schrifterkennung (Intelligent Character Recognition): Zu jeder erkannten Bildsequenz werden repräsentative Schlüsselbilder (Key-Frames) bestimmt, die den Inhalt der Sequenz möglichst gut repräsentieren. Vorlesungen an Hochschulen und wissenschaftliche Vorträge werden meist von textbasierten Präsentationen (Folien, Desktop-Präsentationen, Tafelanschrieb, etc.) unterstützt, wobei die inhaltlich wichtigsten Punkte zusammengefasst werden. Diese Texte werden im Video identifiziert und mithilfe geeigneter Texterkennungsmethoden extrahiert und als Metadaten verwendet.

- Audioanalyse: Zusätzlich kann eine Spracherkennung (Automated Speech Recognition) verwendet werden, die eine fehlerbehaftete Transkription der gesprochenen Inhalte erlaubt. Doch aufgrund der meist schlechten Aufnahmebedingungen (Störgeräusche, kein professioneller Sprecher, etc.) enthalten die erkannten Texte viele Fehler und sind nebenranging im Vergleich zu ICR.

Zusätzlich erlaubt yovisto ein benutzergetriebenes, zeitbasiertes Tagging der Videoinhalte, die ebenfalls Metadaten für die Videosuche generiert. Bei der einfachen Videosuche wird durch eine Suchphrase, die Suche in den vorhandenen Metadatenbestand ausgelöst und eine Auswahl der relevanten Suchergebnisse präsentiert, die einen Zielgenauen Zugriff auf die angefragten Inhalte innerhalb eines Videos ermöglicht (Sack / Waitalonis, 2006).

Um die Videosuche qualitativ zu verbessern, wurde ein erster Prototyp zur explorativen Suche auf Basis semantischer Technologien implementiert (Sack, 2010). Grundlage dafür ist die vorangegangene semantische Videoanalyse, wobei aus den bereits vorhanden textuellen Metadaten Schlüsselwörter ausgewählt werden, die einer Linked-Data-

Entität zugeordnet werden können. Diese Abbildung wird automatisch vorgenommen und umfasst bislang noch keine Auflösung sprachlicher Mehrdeutigkeit (Disambiguierung), sodass Homonyme mehreren Entitäten zugeordnet werden können. Eine Disambiguierung erfolgt entweder manuell durch den Benutzer oder automatisch mithilfe statistischer Verfahren (Koreferenz- und Kontextanalyse, Clustering, Machine Learning). So können Schlüsselwörter mit strukturierten Daten und semantischen Wissensrepräsentationen ergänzt werden, die die Grundlage einer explorativen Suche bilden.

Ist also z.B. ein Videosegment mit dem Schlüsselwort „Stephen King" annotiert, wird über eine Verknüpfung mit den DBpedia-Daten (siehe Kapitel 4.1) die DBpedia-Entität des amerikanischen Autors „Stephen King" bestimmt und mit dem Schlüsselwort verbunden. Über die enzyklopädischen Daten der DBpedia werden zusätzliche Informationen verknüpft, wie z.B. das literarische Genre des Autors („Fantasy", „Science-Fiction") oder auch verwandte Autoren („Edgar Alan Poe") sowie andere assoziativ verbundene Entitäten (z.B. „Maine", „Desperation", „Author", „Pseudonym"). Zusätzlich erfolgt ein automatischer Abgleich, ob es Entsprechungen in den Videosegmenten zu diesen verknüpften Begriffen in der Datenbank gibt. Begriffe, zu denen keine Videosegmente gefunden werden können, werden sofort aussortiert (Sack, 2010).

Eine einfache explorative Navigationshilfe wird in Abb. 11 dargestellt:

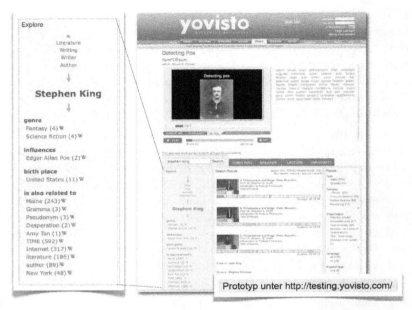

Abbildung 11: Explorative Videosuche im semantischen yovisto-Prototyp mit dem Suchbegriff "Stephen King" und einer Detailvergrößerung des explorativen Navigationselements (Quelle: Sack, 2009)

Links neben der eigentlichen Trefferliste für den Suchbegriff werden weiterführende Suchbegriffe und die dazu vorhandene Anzahl an Informationsressourcen angezeigt, für die ihrerseits durch Anklicken erneut eine Suche ausgelöst werden kann. So werden die mit dem ursprünglichen Suchbegriff in Bezug stehenden Begriffe als Navigationselement verwendet, mit dem eine explorative Suche in dem vorhandenen Datenbestand durchgeführt werden kann (Sack, 2010).

Laut Sack (Sack, 2010) bietet die prototypische Implementierung noch viel Potenzial zur Verbesserung der Auswahl tatsächlich inhaltlicher Zusammenhänge und ebenso in der grafischen Aufbereitung und Darstellung dieser Ergebnisse. Das nächste Unterkapitel beschäftigt sich mit möglicher Visualisierung der Suchergebnisse, um das Browsen in den Informationsressourcen zu erleichtern.

5.3 Visualisierung von Informationen aus Weblogs

Informationsüberflutung der Benutzer in Weblogs führt zur Frage nach relevanten Informationen und wie diese im semantischen Web besser aufbereitet werden können. Ein möglicher Lösungsansatz der Probleme, die mit Informationsüberflutung einhergehen, wäre, dass mithilfe einer unscharfen Datensegmentierung (Segmentierung von Daten-elementen in einzelne Klassen) von Folksonomies eine Ontologie gebildet werden könnte, um dann durch eine grafische Benutzungsschnittstelle mittels eines Webagenten visualisiert zu werden. Diese Ontologie wird als Grundlage für eine verbesserte Suche herangezogen. Eine beispielhafte Weblog-Suchmaschine, die dies ermöglichen kann, wird in der Folge vorgestellt.

In Abb. 12 wird die Architektur einer möglichen Weblog-Suchmaschine (Beispiel nach Portmann/ Kuhn, 2010) verdeutlicht:

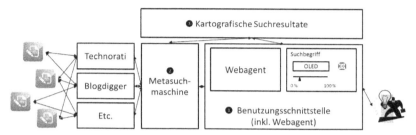

Abbildung 12: Das Zusammenspiel der einzelnen Architekturkomponenten (nach Port-mann/ Kuhn, 2010)

Die Hauptkomponenten sind erstens die grafische Benutzungsschnittstelle inklusive entsprechender Webagenten für die Erstellung einer Ontologie, zweitens eine Meta-suchmaschine, die nach einmaliger Eingabe einer Suchanfrage mehrere Suchmaschinen mit der Suche betraut und drittens die Berechnungskomponente für die kartografische Darstellung der Suchresultate.

Die Benutzungsschnittstelle dient der Interaktion der Benutzer mit der Suchmaschine. Der Benutzer tippt einen ihm bekannten Suchbegriff in ein leeres Feld und definiert mithilfe eines Schiebereglers den Zugehörigkeitslevel dieses Begriffs (vgl. Abb. 12). Der Zugehörigkeitslevel bestimmt, das Intervall, wie weit die Software die Suche nach verwandten Begriffen anhand der zugrunde liegenden, von Webagenten erstellten Onto-logie ausdehnen soll (Portmann/ Kuhn, 2010). Der Benutzer kann eine vage Einstellung seiner Suche vornehmen, die bei einer späteren Interaktion mit der Suchmaschine ge-nauer verfeinert werden kann.

Eine Metasuchmaschine, wie z.B. Dogpile Web Search (www.dogpile.com), ist eine Suchmaschine deren wesentliches Merkmal darin besteht, dass sie eine Suchanfrage an mehrere andere Suchmaschinen weiterleitet, Ergebnisse sammelt und aufbereitet. Bei der propagierten Methode (Portmann/ Kuhn, 2010), arbeitet die Suchmaschine die ge-fundenen Daten auf und eliminiert Dubletten, bewertet die einzelnen Ergebnisse, segmentiert diese mithilfe der unscharfen Segmentierung und stellt ein internes Ranking der Ergebnisse auf.

Die Suchresultate werden dem Benutzer nicht wie gewohnt (z.b. bei Google, Bing und Yahoo) in einer einzigen Liste präsentiert, sondern kartografisch aufgearbeitet, wie z.B. von der Websuchmaschine KartOO (www.kartoo.com) her bekannt. Die verwandten Begriffe werden in grafischen Hügeln von Mengen zusammengefasst, wobei die Höhenlinien den Zugehörigkeitslevel widerspiegeln (vgl. Abb. 13).

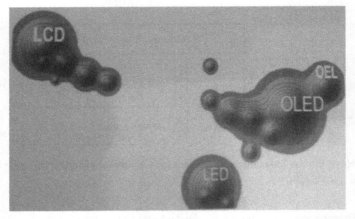

Abbildung 13: Beispielhafte Themenlandschaft der unscharfen Suchanfrage (Quelle: Portmann/ Kuhn, 2010)

Bei der Veränderung des Zugehörigkeitslevels durch Betätigung des Schiebereglers können Mengen von verwandten Begriffen hinzukommen oder wegfallen. In der Karte wird dies durch auftauchen oder absenken im Meer (der Daten) realisiert. Erst durch einen Mausklick auf eine Linie werden alle darin enthaltenen Suchresultate als sortierte Liste angezeigt.

Im Beispiel durchsucht die bildschirmproduzierende Firma Samsung das Internet nach neuen Killerapplikationen potenzieller Konkurrenten, wie organische Leuchtdioden (OLED: „Organic Light Emitting Diode" oder OEL: „Organic Electro Luminescence"). Da der neuartige Herstellungsprozess von OLEDs viele Vorteile gegenüber anderen Flachbildschirmen wie etwa Flüssigkristallbildschirmen (LCD: „Liquid Chrystal Display") hat, ist er für die zukünftige Marktbeherrschung von strategischer Wichtigkeit (Portmann/ Kuhn, 2010).

Um nach der neuen OLED-Technologie zu suchen gibt der Benutzer den Suchbegriff „OLED" ein und definiert die Relevanz der Suche mithilfe eines Schiebereglers (s. Abb. 12). Der Benutzer definiert die Gewichtung intuitiv auf einer nicht metrischen, unscharfen Skala, was der menschlichen Natur entspricht. Die Gewichtung (0,8) wird hier nur zum Verständnis des Beispiels erwähnt.

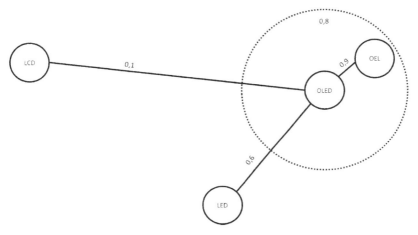

Abbildung 14: Beispielhafte Suche mit einem Zugehörigkeitslevel von 0,8 (nach Portmann/ Kuhn, 2010)

Im Beispiel in Abb. 14 ist verdeutlicht, wie die Suche die Begriffe in Beziehung bringt (mit einem Zugehörigkeitslevel von 0,9). Wegen der Gewichtungsauswahl von 0,9 wird bei der Suche im Intervall [0,8..1] der Ausdruck LED mit einer Zugehörigkeit von 0,6 ausgeschlossen. Der Begriff LCD ist in dieser Ontologie zu schwach verwandt, weswegen er in diesem Beispiel nicht gefunden wird. Bei einer Suche nach OLED und dem Zugehörigkeitsbereich von [0,8..1] werden in diesem Beispiel nur OLED und OEL gefunden. Würde der Zugehörigkeitsbereich auf [0,6..1] ausgeweitet, könnten zudem Einträge zu LED gefunden werden. LCD ist in dieser automatisch generierten Ontologie momentan nur schwach verwandt. Das kann sich allerdings ändern (bspw. nach neuen Forschungen), wenn Informationsressourcen entsprechend in der Folksonomy verschlagwortet werden. Jedes Schlagwort verändert die der Suche zugrunde liegende Ontologie (Portmann/ Kuhn, 2010).

Um die Ontologie zu erstellen sucht ein Webagent primär das Internet nach Schlagwörtern ab. Im Fallbeispiel sucht der Webagent nach entsprechenden Folksonomies, um dadurch mithilfe der erwähnten unscharfen Segmentierung (Portmann/ Kuhn, 2010) eine Ontologie zu bilden. Bei der Aufbereitung der Ergebnisse vor der Segmentierung werden die gefundenen Schlagwörter mittels Ähnlichkeitsmaß im Raum geordnet. Diese Ordnung dient als Grundstruktur, auf die die unscharfe Segmentierung angewandt wird. Mit ihrer Hilfe werden die einzelnen Schlagwörter in mehrere aussagekräftige Klassen, wie bspw. eine OLED-Klasse, geteilt. Wie in Abb. 14 gezeigt, sind die vom

Agenten verwendeten Begriffe OLED, OEL, LED und LCD miteinander verwandt. Außerdem wurden in dieser Abbildung die Zugehörigkeitslevel der Begriffe OEL (0,9) und LED (0,6) zu OLED verdeutlicht.

Gleichartige Begriffe wie OLED (Zugehörigkeit von 1) und OEL (0,9) werden hier in Hügeln von Mengen zusammengezogen, wobei die Höhenlinien (in dem Beispiel von [0,8..1]) den Zugehörigkeitslevel widerspiegeln. Bei wiederholter Betätigung des Schiebereglers können die entsprechenden Höhenlinien verschoben werden. Dementsprechend könnte im Beispiel die Suche ausgeweitet werden, wenn der Zugehörigkeitsbereich bspw. auf [0,6..1] ausgedehnt würde. Es käme zusätzlich der Weblog mit dem Eintrag zu LED (0,6) zur Karte hinzu. Durch einen Mausklick auf Höhenlinie, beispielsweise 0,9, würden die Weblogs zu LED und OEL angezeigt werden, die er durch einen weiteren Link besuchen könnte.

Zusammenfassend kann man sagen, dass die visuelle Interaktion einen großen Vorteil zum gängigen Information Retrieval darstellt. Für den Benutzer besteht die Möglichkeit, direkt im GUI zu interagieren. Der Suchende kann die Suche durch Eingabe neuer Begriffe verfeinern, mittels Schieberegler die Zugehörigkeiten erweitern oder verringern oder aber auch durch drehen der Karte die geografische Lage verändern. Dadurch bekommt der Nutzer ein umfassendes Bild von seinen Daten und kann bisher nicht geahnte Zusammenhänge und Verbindungen, grafisch präsentiert, erkennen. Durch die Interaktion mit der Applikation, erwirbt der Nutzer Wissen über seine angefragte Information und die daraus resultierenden Daten.

5.4 Semantisches Wiki

Wikipedia ist inzwischen die weltweit größte Quelle enzyklopädischen Wissens und eine der am meisten aufgerufenen Webseiten überhaupt. Doch obwohl Wikipedia bereits eine wertvolle Informationsquelle darstellt, sind ihre Inhalte nur schwer in externen Anwendungen wiederverwendbar und kaum maschinenverständlich. Wikipedia zu nutzen bedeutet heute Artikel zu lesen. Die damit einhergehenden Einschränkungen werden offensichtlich, wenn Informationen aus vielen Artikeln zusammengeführt werden sollen (Krötzsch/ Vrandecic, 2009).

Semantic MediaWiki (SMW) ist eine semantische Erweiterung des MediaWiki-Systems (Krötzsch/ Vrandecic, 2009), die es Benutzern erlaubt, Inhalte des Wikis mit expliziten, maschinenverständlichen Informationen zu annotieren. Mit diesen semantischen Daten kann SMW wichtigste Probleme heutiger Wikis in Angriff nehmen:

- Konsistenz der Inhalte: Die gleiche Information taucht oft auf vielen verschiedenen Seiten auf.

- Zugriff auf Wissen: Große Wikis haben Tausende von Seiten. Das Zusammentragen und Vergleichen von Informationen von vielen verschiedenen Seiten ist zeitaufwändig und schwierig.

- Wissen wiederverwenden: Viele Wikis entstanden aus dem Wunsch heraus, Informationen vielen Benutzern zugänglich zu machen. Aber der starre, textbasierte Inhalt klassischer Wikis ist nur durch das Lesen der Seiten in einem Browser oder einer ähnlichen Anwendung zugänglich.

SMW ist eine Applikation mit der man Inhalte auf einfache Art und Weise mit semantischen Attributen und Beziehungen anreichern kann. Dies ermöglicht es einem weiten Kreis von Wikipedia-Nutzern, gemeinschaftlich eine semantische Wissensbasis aufzubauen, die im Hinblick auf Größe, Umfang, Dynamik, Offenheit und Reichweite einzigartig wäre.

SMW ist freie Software und Erweiterung für das beliebte Wiki-System MediaWiki. Abb. 12 gibt einen Überblick über die Kernbestandteile von SMW. Die Integration von MediaWiki und SMW beruht auf dem Erweiterungsmechanismus von MediaWiki: SMW registriert Funktionen für bestimmte Ereignisse, und MediaWiki lädt anschließend die jeweils nötigen Module und ruft sie bei Bedarf auf (Krötzsch/ Vrandecic, 2009).

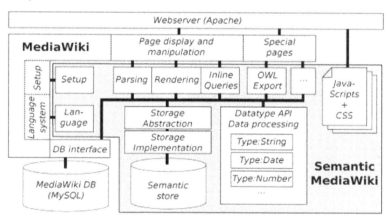

Abbildung 15: Architektur von SMWs Hauptkomponenten und ihr Zusammenspiel mit MediaWiki (Quelle: Krötzsch/ Vrandecic, 2009)

Semantic MediaWiki wird ständig weiterentwickelt, und verschiedene zusätzliche Funktionen sind zurzeit geplant oder in Entwicklung. Dazu gehören Annotationshilfen (wie z. B. die automatische Vervollständigung von Attributsnamen bei der Eingabe), weitere Funktionen für die Verwaltung des entstehenden Vokabulars im Wiki, und neue

Importfunktionen für die Wiederverwendung bestehender Vokabulare. Außerdem werden SMWs Programmierschnittstellen weiter ausgebaut, um anderen Entwicklern die Erweiterung des Systems zu erleichtern. Bereits jetzt existieren verschiedene unabhängige Projekte, die zusätzliche Komponenten für SMW anbieten (Krötzsch/ Vrandecic, 2009).

6   Conclusio und Ausblick

Um die Bedeutung von Webseiten oder allgemein Ressourcen im Web erfassen zu können, müssen die Wörter in eine spezielle normierte Sprache, in eine Ontologie, übersetzt
werden. Doch Wissen ist handlungsorientiert und wird episodisch erworben; schließlich
soll es ja genutzt werden. Daher steht Wissen in einem persönlichen Kontext. Dazu
muss eine Ontologie passen, deshalb kann da eine Ontologie nur eine grobe Basis dafür
sein, auch wenn sie mithilfe von Millionen von Webnutzern sukzessive aufgebaut wird.
Doch trotzdem glaube ich, dass wir noch etwas auf das Web 3.0 warten müssen, was
auf lange Sicht gesehen auch gut so ist, denn gut Ding will Weile haben.

Mit dem semantischen Web 3.0 wird es uns erleichtert, nach Informationen zu suchen.
Es wird uns nützen, indem es unsere Lebensqualität steigert; es ist ohne Zweifel eine
Form humaner Nutzung der IT. Eine semantische Suchmaschine für das Web 3.0 macht
das Internet humaner, indem es die Bedeutungszusammenhänge darstellt. Insofern wäre
es eigentlich besser, wenn wir nicht mehr so lange darauf warten müssen. Genau deshalb ist auch im Semantic Web, trotz aller technologischen Innovationen der Mensch
die ausschlaggebende Komponente.

Nova Spivack, Gründer und CEO von Radar Networks schlägt vor, die begonnene In-
dexierung mit Web x.0 fortzusetzen und somit die Dekaden des Webs zu beschreiben.
Während bei dem Web 1.0 der Fokus eher auf das Back-End orientiert war wie HTML
und http, geht es bei dem Web 2.0 um das Front-End mit dem Schwerpunkt auf Usabili-
ty, AJAX, Tagging, etc. Das Web 3.0 sieht er wieder als eine Erweiterung des Back-
Ends (RDF, etc.), während das Web 4.0 ein intelligenteres, proaktives und produktives
Web mit intelligenten Anwendungen bietet (Front-End-bezogen) (Spivack, 2007). Die
Abb. 16 veranschaulicht seine Einschätzung der zukünftigen Entwicklung des Semantic
Webs.

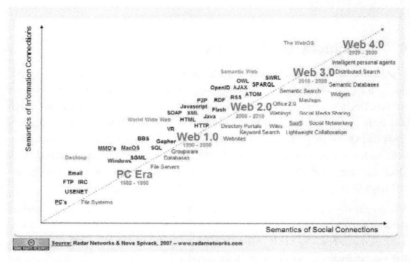

Abbildung 16: Technologiezeitstrahl von der PC Ära zum Web 4.0 (Quelle: Spivack, 2007)

Wie gesagt spielt der Mensch eine große Rolle in der zukünftigen Entwicklung des Webs. Die Menschen müssen eine Notwendigkeit erkennen die semantischen Technologien zu nutzen. Solange sie mit der Art und Weise, wie das Web jetzt funktioniert, mit Google und Folksonomies, zufrieden sind, wird wahrscheinlich keine große Veränderung eintreten. Möglicherweise werden die ersten Erfolge dieses Mal eher im institutionellen Umfeld als im privaten Bereich zu finden sein. Firmen wie Kodak oder Eli Lilly, die mit semantischen Technologien experimentieren (Raabe, 2009), die semantische Wikis und Weblogs als Alternative zu den „normalen" Social Software-Pendants einsetzen, könnten die ersten Anzeichen eines Corporate Semantic Web-Aufkommens darstellen. Interessant dürfte in den nächsten Jahren auch der Einsatz von Linked-Data-Technologien als leichtgewichtige Datenintegrationstechnologien innerhalb von Unternehmen und Unternehmensnetzwerken sein (Schmidt/ Pellegrini, 2009).

Klar ist, dass der semantische Faktor vieles möglich machen wird, was vor einigen Jahren noch wie kühne Utopien anmuten musste. Das bevorstehende intelligente Web wird sich massiv von dem bisherigen Internet unterscheiden. Bei dem derzeit vorliegenden World Wide Web handelt es sich um ein „Universe of Documents"(Berners-Lee/ Hendler/ Lassila, 2001), ein Universum aus miteinander verbundenen Dokumenten, welches durch Hypertext, also den Links geformt wird und seit der Web 2.0-Ära zusätzlich auf sozialen Netzwerken aufbaut. Das semantische Web wird hingegen durch die zusätzliche semantische Ebene zu einem „Knowledgeverse" werden – einem Universum

des Wissens, welches mit eigenen Regeln und Strukturen versehen ist und das tatsächlich ermöglicht, Wissen einfach zu finden, zu erweitern und durch Kombination neu zu
erschaffen.

Das Web 3.0 bietet sehr viele Möglichkeiten. Gleichwohl stellt es aufgrund seiner inhä-
renten Komplexität eine große Herausforderung dar. Sehr viele Teilsysteme müssen in
konsistenter Weise miteinander interagieren, um die verschiedenen Aspekte des Web
3.0 zu realisieren. Die am häufigsten anzutreffende Kritik (Raabe, 2009) ist daher, dass
das Semantic Web zwar eine sehr schöne Wunschliste von zu realisierenden Komponenten darstellt, diese aber aufgrund der ungeheuren Komplexität und des notwendigen
Zusammenspiels nie zu den im Web 3.0 angestrebten Resultaten führen werden. Dieser
Kritik schließe ich mich, zum Teil, auch an, da ich nicht glaube, dass das propagierte
Web 3.0 in seinem vollen Umfang kommen wird und zwar genau aus diesen Komplexi-
tätsüberlegungen. Dennoch ergeben sich aus der Forschung am Web 3.0 sehr viele interessante Ideen und Überlegen, wobei die wichtigste ist, dass Computer grundsätzlich,
das was sie können in maschinenlesbarer Form vermitteln können.

Anhang A : Listings

A.1 Aufbau einer RSS Datei (Version RSS 2.0)

Das folgende Beispiel (Kantel, 2007) zeigt den Quelltext eines einfachen RSS-Feeds, welcher dem Dokumenttyp RSS 2.0 entspricht. Der Feed enthält einen Channel mit zwei Beispieleinträgen (item):

```xml
<?xml version="1.0" encoding="utf-8"?>


<rss version="2.0">


  <channel>
    <title>Titel des Feeds</title>
    <link>URL der Webpräsenz</link>
    <description>Kurze Beschreibung des Feeds</description>
    <language>Sprache des Feeds (z. B. "de-de")</language>
    <copyright>Autor des Feeds</copyright>
    <pubDate>Erstellungsdatum("Tue, 8 Jul 2008 2:43:19")</pubDate>
    <image>
      <url>URL einer einzubindenden Grafik</url>
      <title>Bildtitel</title>
      <link>URL, mit der das Bild verknüpft ist</link>
    </image>


    <item>
      <title>Titel des Eintrags</title>
      <description>Kurze Zusammenfassung des Eintrags</description>
      <link>Link zum vollständigen Eintrag</link>
      <author>Autor des Artikels, E-Mail-Adresse</author>
      <guid>Eindeutige Identifikation des Eintrages</guid>
      <pubDate>Datum des Items</pubDate>
    </item>
```

```
<item>

   ...

</item>


</channel>


</rss>
```

A.2 Verlinkung einer RSS-Datei

Dieses Beispiel (Kantel, 2007) stellt die Verlinkung einer RSS-Datei dar. Man kann eine RSS-Datei in der HTML-Seite, deren Inhalte sie maschinenlesbar enthält, verlinken. Moderne Browser ermöglichen es dem Seitenbesucher, den so verlinkten RSS-Feed zu abonnieren. Beispielsweise wird in der Adress- oder Statusleiste des Browser-Fensters eine RSS-Schaltfläche angezeigt.

Dazu wird im head-Bereich ein link-Element eingefügt:

```
<link rel="alternate" type="application/rss+xml"

   title="RSS" href="http://www.example.net/feed.rss" />
```

A.3 Beispiel für (X)HTML + RDFa

```
<div about="#my">

   <h2>

      <a href="http://sw-app.org/about.html" property="vcard:given-
name">My

         interest

   </h2>

   <p>

      I am a

      <a href="http://en.wikipedia.org/wiki/Queen_(band)"
rel="foaf:topic_interest">Queen</a>

      aficionado

      and especially like the

      <span about="#queen_86">

         gig "Live at Wembley '86",

         which took place in 1986 at the

         <a href="http://www.wembleystadium.com" rel="geo:location"

            resource="http://dbpedia.org/resource/Wembley">
```

```
            Wembley stadium</a>

    </span>

      .

   </p>
</div>
```

A.4 Beispiel für RDF Graph (in N3 Notation)

```
@prefix: <http://sw-app.org/rdfa/social-swexample.
html#>.
@prefix foaf: <http://xmlns.com/foaf/0.1/>.
@prefix geo: <http:www.example.org/geo#>.
@prefix rdf: <http://www.w3.org/1999/02/22-rdfsyntax-
ns#>.
@prefix vcard: <http://www.w3.org/2001/vcardrdf/
3.0#>.
:my vcard:given-name "My";
foaf:topic_interest
<http://en.wikipedia.org/wiki/Queen_(band)>,
:queen_86.
:queen_86 geo:location
<http://dbpedia.org/resource/Wembley>.
```

Literatur- und Quellenverzeichnis

Adobe (2010): What is Flex?
http://www.adobe.com/de/products/flex/?promoid=BPBDO (Zugriff am 01. November 2010)

Ammirati, S. (2007): Overview of the Identity Landscape. In: Read/Write Web, http://www.readwriteweb.com/archives/overview_identity_landscape.php (Zugriff am 15. November 2010)

Angermeier, M. (2005): The huge cloud lens bubble map web 2.0
http://kosmar.de/archives/2005/11/11/the-huge-cloud-lens-bubble-map-web20/ (Zugriff am 05. November 2010)

Ankolekar, A.; Krötzsch, M.; Tran, T.; Vrandecic, D. (2007): The Two Cultures. Mashing up Web 2.0 and the Semantic Web. In:
http://www2007.org/papers/paper777.pdf, (Zugriff am 12. November 2010)

Auer, S.; Lehmann, J.; Bizer, C. (2009): Semantische Mashups auf Basis vernetzter Daten, In: Blumauer, A.; Pellegrini, T. [Hrsg.]: Social Semantic Web - Web 2.0 - Was nun?, Springer Verlag Berlin Heidelberg, S. 259 – 284.

Bächtle, M. (2006): Social Software. In: Informatik Spektrum, 29(2), S. 121-124

Beckett, D. (2006): SPARQL RDF Query Language Reference v1.8 In:
http://www.dajobe.org/2005/04-sparql/SPARQLreference-1.8.pdf (Zugriff am 03. Dezember 2010)

Bendrath, R. (2007): Der „gläserne Bürger" und der vorsorgliche Staat. Zum Verhältnis von Überwachung und Sicherheit in der Informationsgesellschaft. In: kommunikation@gesellschaft, Jg. 8, Beitrag 7. Online-Publikation:
http://www.soz.unifrankfurt.de/K.G/B7_2007_Bendrath.pdf (Zugriff am 01. Dezember 2010)

Berners-Lee, T.; Hendler, J.; Lassila, O. (2001). The Semantic Web. A new form of Web content that is meaningful to computers will unleash a revolution of new possibilities. In: Scientific American, May 2001. Online verfügbar:
http://www.sciam.com/article.cfm?articleID=00048144-10D2-1C70-84A9809EC588EF21, (Zugriff am 01. November 2010)

Berners-Lee, Tim (2006): Transkript des developerWorks Interviews: Tim Berners-Lee Originator of the Web and director of the World Wide Web Consortium talks about where we've come, and about the challenges and opportunities ahead.

http://www.ibm.com/developerworks/podcast/dwi/cm-int082206.txt (Datum des Zugriffs: 12.Oktober 2010)

Berners-Lee, Tim; Fischetti, Mark (1999): Weaving the Web: The Original Design and Ultimate Destiny of the World Wide Web by Its Inventor. HarperOne, San Francisco, USA.

Blumauer, A.; Pellegrini, T. (2009): Semantic Web Revisited – Eine kurze Einführung in das Social Semantic Web In: Blumauer, A.; Pellegrini, T. [Hrsg.]: Social Semantic Web - Web 2.0 - Was nun?, Springer Verlag Berlin Heidelberg, S. 4 – 19.

Busemann, K.; Gscheidle, C. (2009). Ergebnisse der ARD/ZDF-Onlinestudie 2009 Web 2.0: Communitys bei jungen Nutzern beliebt. In: Media Perspektiven 7/2009

c2.com (o.J.): A canonical list of WikiEngines http://c2.com/cgi/wiki?WikiEngines (Zugriff am 17.Oktober 2010)

Community Blog: Microformats.org (o.J.): About Microformats http://microformats.org/about (Zugriff am 16. November 2010)

Cyganski, P.; Haas, B. (2007): Potenziale sozialer Netzwerke für Unternehmen, in: Haas, B.; Walsh, G.; Kilian, Th. [Hrsg.]: Web 2.0. Neue Perspektiven für Marketing und Medien. Springer Verlag, Berlin Heidelberg, S.101 – 120.

Garrett, J. J. (2005): Ajax: A New Approach to Web Applications, http://www.adaptivepath.com/publications/essays/archives/000385.php (Zugriff am 30. Oktober 2010)

Griesbaum, J.; Bekavac, B.; Rittberger, M. (2008): Typologie der Suchdienste im Internet. In: Dirk Lewandowski [Hrsg.], Handbuch Internet-Suchmaschinen – Nutzerorientierung in Wissenschaft und Praxis, Akademische Verlagsgesellschaft, Heidelberg

Hardt, D. (2005): OSCON 2005 Keynote – Identity 2.0 In: http://identity20.com/media/OSCON2005/, (Zugriff am 15. November 2010)

Hausenblas, M. (2009): Anreicherung von Webinhalten mit Semantik – Microformats und RDFa, In: Blumauer, A.; Pellegrini, T. [Hrsg.]: Social Semantic Web - Web 2.0 - Was nun?, Springer Verlag Berlin Heidelberg, S. 148 – 157.

International Semantic Web Conference (ISWC) (2010): Major international forum for research results and technical innovations of the Semantic Web http://iswc2010.semanticweb.org/ (Zugriff am 15. November)

Internetstandards des W3C (2010): Specifications and Standards for the WWW http://www.w3.org/standards/webdesign/ (Datum des Zugriffs: 09. Oktober 2010)

Kantel, J. (2007): „RSS und Atom kurz und gut", O´Reilly Verlag Deutschland, Köln, S. 45 bis S. 80

Knop, C.; Heeg, T. (2010): Google macht Chrome zum Betriebssystem, In: http://www.faz.net/s/RubD16E1F55D21144C4AE3F9DDF52B6E1D9/Doc~E59D8A5 AE7D444C61A829ADD7FD0FAED9~ATpl~Ecommon~Scontent.html (Zugriff am 08. Dezember 2010)

Komus, A.; Wauch, F. (2008): Wikimanagement- Was unternehmen von Social Software und Web 2.0 lernen können, Oldenbourg Wissenschaftsverlag, München, S. 23 – 30

Krötzsch, M.; Vrandecic, D. (2009): Semantic Wikipedia, In: Blumauer, A.; Pellegrini, T. [Hrsg.]: Social Semantic Web - Web 2.0 - Was nun?, Springer Verlag Berlin Heidelberg, S. 393 – 412.

Kulathuramaiyer, N. (2007): Mashups: Emerging Application Development Paradigm, in: Journal of Universal Computer Science

Kveton, S. (2007): The State of OpenID In: http://openid.net/pres/openidsolt-final.pdf, (Zugriff am 15. November 2010)

LinkedData.org (2010): Linked Data – Connect Distributed Data across the Web http://richard.cyganiak.de/2007/10/lod/ (Zugriff am 24. November 2010)

Merrill, D. (2006): Mashups: The new breed of Web app, IBM developerWorks, http://www.ibm.com/developerworks/xml/library/x-mashups.html (Zugriff am 15. November 2010)

Netplanet.org (2010): Das Phänomen World Wide Web http://www.netplanet.org/geschichte/worldwideweb.shtml (Datum des Zugriffs 13. Oktober 2010)

Neubert, S. (2005): Technologien und Richtlinien im WWW-Umfeld, http://vsr.informatik.tu-chemnitz.de/proseminare/www01/doku/flash/haupt.html (Zugriff am 19. Oktober 2010)

O´Reilly, T. (2005): What is Web 2.0 - Design Patterns and Business Models for the Next Generation of Software. http://oreilly.com/web2/archive/what-is-web-20.html (Datum des Zugriffs: 17. Oktober 2010)

Pilgrim, M. (2002): What is RSS? http://www.xml.com/pub/a/2002/12/18/dive-into-xml.html (Zugriff am 02. November 2010)

Portmann, E.; Kuhn, A. (2010):Extraktion und kartografische Visualisierung von Informationen aus Weblogs, In: Hengartner, U.; Meier, A. [Hrsg.]: Web 3.0 & Semantic Web, Praxis der Wirtschaftsinformatik, HMD, Heft 271, dpunkt Verlag, Heidelberg

Raabe, A. (2009): Entwicklungsperspektiven von Social Software und dem Web 2.0 In: Blumauer, A.; Pellegrini, T. [Hrsg.]: Social Semantic Web - Web 2.0 - Was nun?, Springer Verlag Berlin Heidelberg, S. 48- 56.

Sack H.; Waitelonis, J. (2006): Integrating Social Tagging and Document Annotation for Content-based Search in Multimedia Data. In: Proceedings of the first Semantic Authoring and Annotation Workshop (SAAW 2006), Athens, USA.

Sack, H. (2010): More than 10.000 videos ...., In: http://yovisto.blogspot.com/2010/07/more-than-10000-videos.html (Zugriff am 5. Dezember, 2010)

Sack, H. (2010): Semantische Suche – Theorie und Praxis am Beispiel der Videosuchmaschine yovisto.com, In: Hengartner, U.; Meier, A. [Hrsg.]: Web 3.0 & Semantic Web, Praxis der Wirtschaftsinformatik, HMD, Heft 271, dpunkt Verlag, Heidelberg

Sack,H. (2009): Semantische Co-Annotation und Videosuche mit yovisto.com In: http://www.google.de/url?sa=t&source=web&cd=1&ved=0CBgQFjAA&url=http%3A%2F%2Fwww.hpi.uni-
pots-
dam.de%2Ffileadmin%2Fhpi%2FFG_ITS%2Flecturenotes%2FSemantic_Web%2FMaterial%2FDFN09-Jahrestagung-20091007-
sm.pdf&rct=j&q=explorative%20Suche%20in%20yovisto&ei=5pgDTeDnO47vsgbH0
KCJCg&usg=AFQjCNE4ooo4EzQC_USLHeOFiluENBszOA&sig2=2KawHtnKu2i1hI
_Vt4um5g&cad=rja (Zugriff am 08. Dezember 2010)

Sawalls, A. (2008): Flash wird durchsuchbar: Google und Yahoo indizieren Flash-Dateien, http://www.golem.de/0807/60747.html (Zugriff am 24. Oktober 2010)

Schmidt,J.; Pellegrini, T. (2009): Das Social Semantic Web aus kommunikationssoziologischer Persepktive In: Blumauer, A.; Pellegrini, T. [Hrsg.]: Social Semantic Web - Web 2.0 - Was nun?, Springer Verlag Berlin Heidelberg, S. 458 – 465.

Sixapart.com (o.J.): Trackback Technical Specification, http://www.sixapart.com/pronet/docs/trackback_spec, (Zugriff am 15. November 2010)

Spivack, N. (2007). How the WebOS Evolves? In: Minding the Planet. http://novaspivack.typepad.com/nova_spivacks_weblog/2007/02/steps_towards_a.html (Zugriff am 27. November 2010)

Spivack, N. (2007): Web 3.0 will combine the Semantic Web with social media, enabling a new generation of richer, more shareable, mashable content. In: http://www.semantic-web.at/10.36.175.article.nova-spivack-web-3-0-willcombine-the-semantic-web-with-social-media-enabling-a-new-genera.htm (Zugriff am 23. November 2010)

Stahlknecht, P.; Hasenkamp, U. (2005): Einführung in die Wirtschaftsinformatik, Springer Verlag, Berlin, S. 109

Stanoevska-Slabeva, K. (2008): Grundlagen, Auswirkungen und zukünftige Trends von Web 2.0, Nomos Verlag, Baden-Baden, S. 16

Stocker, A.; Tochtermann, K. (2009): Anwendungen und Technologien des Web 2.0: Ein Überblick, In: Blumauer, A.; Pellegrini, T. [Hrsg]: Social Semantic Web - Web 2.0 - Was nun?, Springer Verlag Berlin Heidelberg, S. 63 – 80.

Tapscott, D. und Williams, A. D. (2007): Wikinomics: Die Revolution im Netz. Carl Hanse Verlag, München, Deutschland, S.195.

Ultes-Nitsche, U. (2010): Web 3.0 – wohin geht es mit dem World Wide Web?, In: Hengartner, U.; Meier, A. [Hrsg.]: Web 3.0 & Semantic Web, Praxis der Wirtschaftsinformatik, HMD, Heft 271, dpunkt Verlag, Heidelberg

Wahlster, W. (2008): Vortrag zu Web 3.0 – Semantische Technologien http://www.dailymotion.com/video/x6417b_prof-wolfgang-wahlster-web-3-0-sema_tech (Zugriff am 5. November 2010)

Wikipedia.org (2010): Wikis http://de.wikipedia.org/wiki/Wiki (Zugriff am 13. November 2010)